原諒的藝術

HOW TO FORGIVE WHEN YOU CAN'T

The Breakthrough Guide to Free Your Heart and Mind

放下情緒、放過自己、改變關係、
修復生命的最強大力量。

當你想起某個人或某件事時，不會再覺得受傷，
就表示你已經原諒對方，也釋放了被囚禁的自己。

吉米・丁克奇——著

DR. JIM DINCALCI

譯——謝佩妏

推薦序

一本完整、仔細、付出許多努力而來的原諒祕笈

弗瑞德．魯斯金 Frederic Luskin

我是史丹佛大學原諒計畫的負責人，至今出版過兩本探討原諒的暢銷書，分別是《徹底原諒》（*Forgive for Good*）和《為愛原諒》（*Forgive for Love*）。世界各地都有人利用這兩本書來幫助人們原諒。吉米．丁克奇是我非常敬佩的同行，可惜尚未得到《紐約時報》的專文介紹。拙作之所以得到各大媒體的報導，部分是因為我在史丹福大學任教時提出了原諒的構想。而吉米從他的親身經歷、幫助他人的渴望，以及他所受的多元教育中，發展出自己的原諒步驟。基本上我們討論的是同一件事。他跟我都是在鼓吹原諒的重要性。

這是一本教人原諒的傑作，內容清晰、睿智、效果卓著，相信抱著傷痛或委屈打開這本書的人，都能得到幫助。我推薦這本書不只因為它是一本好書，也因為吉米是個好人。我跟他認識已經七年。第一次見面我就感受到他想要幫助他人原諒的

熱忱和決心。當時我剛好去吉米家附近的一間書店辦簽書會，他主動約我見面，後來我們一起共用晚餐又去散步，談了很久關於原諒的話題。

那次跟吉米在加州索諾瑪（Sonoma）第一次見面，我們聊了人類用來投射自身傷痛的防衛機制。他對我說，藉由兩個簡單的步驟，我們就能使原諒長久延續。我認為頗有新意並留下深刻印象：

一、收回自己的投射（原諒他人，因為我們也做過跟他們類似的事）。

二、原諒自己，那麼就沒有必要藉由責怪而把自己犯的錯投射到他人身上。

吉米是我認識唯一不在大學任職卻全職投入原諒工作的人。我們上次見面是在東岸，兩人共度晚餐時又聊了很久關於原諒和人生的話題。同樣的，我發現我們多半想法一致，而吉米全心全意希望能透過原諒幫助他人。

這本書不但有扎實的心理學基礎，吉米還另外為它加上心靈（但非宗教）的面向。因此，除了治療師、律師和諮商師可以用來幫助個案和當事人，神職人員也可以利用這本書幫助自己的信徒進行原諒。如同吉米在第一章所說，他的目標是寫一本手冊，教人學會如何幫助他人原諒，當然還有幫助自己原諒。他花了九年的時間，把他在課堂上的發現濃縮成這本書。對吉米來說，達成他對原諒工作的願景，一直是他生命的最大動力，這本書證明他的付出結出了豐碩的果實。

這本書不是原諒入門書或原諒懶人包，而是一本完整、仔細、付出許多努力才得到的心血結晶。這本書不僅是為了想要真正擺脫傷痛也願意面對傷痛的人而寫，對於想要幫助當事人原諒並因此可以活得更平靜滿足的專業人士，這也是一本不容錯過的重要作品。

目錄

How to Forgive When You Can't

前言

原諒，就是將囚犯給釋放了，結果發現那個囚犯，原來是自己。

——路易士．史密德博士 Dr. Lewis Smedes

每個人都想要得到幸福，有成功的事業、和諧的關係、平靜的心靈，以及源源不絕的愛，但就算如願達成目標，往往也無法長長久久。這本書會告訴你，是哪裡出了問題。

原諒是達成這些目標的關鍵，更是使它們能經得起時間考驗的方法。這本書提供你經過實證的有效方法，幫助你原諒那些甚至看似不可原諒的人事物。

所謂的原諒，就是放掉心中的怨恨、不滿、負面心態、痛苦焦慮，不再讓它們盤據你的腦袋，奪走你愛人的能力，破壞你心靈的平靜。原諒不是挨了耳光還轉過臉讓人繼續打，不是跟傷害你的人握手言和，或是縱容他們的所作所為。這些錯誤的定義害原諒背負了污名，實在令人遺憾。

原諒是一種普世價值，不限於特定宗教，是人類不可或缺的寶貴經驗。在這個充斥著戰爭、恐怖主義和危機的年代，原諒是人類手中最重要的一項利器。我認識的人多半都知道原諒是一件正確的事，但也承認他們不知道**如何**原諒。如今，學術研究一日千里，我們終於能夠學習如何應用這些恆久珍貴的人生智慧。

原諒是個重要的課題，但無論是心理學或宗教對它的探討都不夠全面。深入了解自己的心智、情緒和靈性之後，你會覺察更重要的自我面向，而那是原諒的過程所必備的。原諒之所以困難，在於太少人掌握其中要點，甚至是它的祕訣；時至今日依然如此。

請注意：務必先吸收本書前幾章的知識。對大腦的結構和原諒的相關論據有一定的了解之後，才能實際應用原諒的步驟，得到你想要的最佳結果。切勿跳過前面幾章。

從書中獲得的知識，就是你用來控制大腦的壓力反應和負面情緒的工具。如此一來，愛、仁慈、喜悅和生命力才能夠重回你的生活，你的靈性能夠在逆境時為你帶來智慧和內在的力量。

過去三十年來，我收集了四十多種原諒他人和自己的方法，並在大專院校、醫院、教會、工作坊、中小學和個人諮商中傳授這些方法。看見有人因為這些方法而人生翻轉，我的內心充滿了喜悅。

然而，原諒不只是關於「什麼方法能幫助我原諒？」它挖掘得更深，要找出「是什麼阻止我原諒？」一本書若是只列出方法，卻不處理心中的障礙，以及阻止你原諒自己和他人的扭曲心態，並指出可以用來克服障礙的力量，就沒有太大的價值。本書列出的方法，將一路引導你達成原諒的目標。

人性本惡？

世界上似乎有人就是生性邪惡。這種人對自己的暴力行為不以為意，也毫無悔意，甚至可能再犯，並且把過錯都推給受害者。這是無法否認的事實。監獄裡充滿了這樣的人。說不定你就是受害者之一。

這本書是為了療癒你而寫的，不是他們。

原諒的步驟和階段

對每個人來說，原諒都是人生的一個複雜課題。人各有異，原諒需要的時間快慢不同。對你來說行得通的方法，對別人來說可能窒礙難行。

只要願意，就踏出了第一步

如果你不願意嘗試，就什麼都不會發生。想必你多少是願意原諒（不論對他人或自己），不然你就不會打開這本書。假如你是為了需要這些資訊和方法的人而拿起這本書，不妨繼續往下讀。從中你會了解人為什麼不願意原諒或無法原諒。要做到原諒，有些人喜歡藉助團體的力量，有些人喜歡找另一個人作伴，也有些人習慣仰賴更崇高的力量。

在研究和教學的過程中，我體會到不斷提升原諒的技巧，能夠增進我們自覺的程度，成效也愈高。覺察自己腦中的意念，就是所謂的正念。正念是現今很受大眾歡迎的心智鍛鍊工具，相關的研究很多。本書每一章附帶的練習，都能夠幫助你培養正念的力量。

我們或許不知道如何原諒，也不想原諒，但當我們說自己願意原諒時，療癒就開始了。

——《創造生命的奇蹟》（*You can heal your life*），露易絲・賀（Louise Hay）

第一章提出的問題、相關資訊和各種見解，幫助你更加理解放下怨恨的重點所在，並附上實際的練習讓你應用所學。

按照書中的建議、問題和練習去做，你會發現原諒他人和自己能帶來驚人的效果。我稱之為「釋放力量的原諒」（Power Forgiveness），因為它能撫平一輩子的內疚或怨恨，同時適用於個別的狀況。

有個好友來上過我的第一堂原諒課之後，問我有沒有教人如何原諒的簡明步驟。這些年來，我領悟到只有重點摘要不夠。相反的，我發現了一連串的問題，它們循序漸進地涵蓋了原諒的基本原則（經試驗和研究證實），而且能達到神奇的功效。我用這些問題組成了「釋放力量的原諒步驟」（The Power Forgiveness Process）。

這套步驟的核心在於放掉心中所有的遺憾、愧疚和自責。原諒自己和疼惜自己是從此跟心中怨念告別的關鍵。原諒自己是必要的，因為愧疚和自責會一直把你困在負面的想法和情緒中，而這些想法和情緒又會反過頭來說服你，你不值得過得更好。你當然值得！

我的故事和轉變

一九九三年七月，開車穿過紅杉林返家途中，我突然感到自己的人生不再值得活。表面看來一切都很好：我有幸福的家庭，可愛的女兒，拿到了心理諮商的碩士學位，還有一群支持我的朋友。但我覺得自己徹底失敗，沒有成為年輕時夢想成為的人。而且，我的靈性（spirituality）已不復在，即使多年來它對我來說如此重要，也是我的安全感和心靈平靜的來源。

從一九六〇年代起，我就開始研究不同學派的心理學和心理療法，後來也到研究所開課，可是我幫不了自己，甚至不知道從何幫起。多年來我都活在憤怒和怨恨之中，我以為這樣很正常。即使因此跌到人生谷底，我也不覺得這些感覺有什麼問題。早年在某個殘暴的軍事組織遭受的創傷和欺凌在我心裡留下陰影，但是我從沒想過要擺脫心中的黑暗。

最後，我在絕望深淵中看見內心的憤怒正在摧毀我，而不是給我奮起的力量。沮喪之餘我決定向外求助，搜尋心理學和探索靈性的書，覺察到如果我想體驗我心心念念的神聖之愛，原諒乃是必經之路。

事實上，放下一路走來所有的怨憎嗔，似乎是我唯一的出口。多年來我透過內在鍛鍊所學到的技巧，在這時候派上了用場。

我寫下心中各種負面感受，一連寫了好幾個小時，洋洋灑灑總共三十幾頁，不是完整的句子或段落，只是一行接著一行列出人、事或機關組織，還有他們曾經對我造成的創傷。關起門來寫了幾個鐘頭之後，我終於能夠放下記憶中揮之不去的所有挫折和創傷，長久以來累積的怨恨和憤怒也隨之消散。這樣的改變有如奇蹟。我找回了快樂，以及對生命的感恩知足。我的靈魂重獲自由，再度感受到愛，也能把愛散播出去，往後八年這樣的感受一直都在。

保羅・科爾賀（Paulo Coelho）有次談到自己的著作《我坐在琵卓河畔，哭泣》（*By The River Piedra I Sat Down and Wept*）時，說到一個類似的親身體驗：「有天早上從加州的死亡谷到亞利桑那州的圖森途中，我在心中一一列出我討厭的人，因為這些人曾經傷害過我，然後一一原諒他們。六個小時後抵達圖森時，我的心靈輕盈無比，人生也大放光明。」[1]

尋找有效的方法

從此以後，我展開了幫助他人放下內心怨憎嗔的神奇旅程。一九九六年剛開始傳授這些原則時，我相信自己能用親身體驗過的方法改變這個世界。然而，大多數人並不了解我想要表達什麼。失望之餘，我開始尋找能夠真正幫助人原諒的方法。

除了在大專院校開課教人如何原諒，我也在研討會和自己開的諮商所授課。我不斷研究什麼方法有效、什麼方法沒效，所有相關研究、著作和文章都不放過。

「釋放力量的原諒步驟」就是我上下求索的心血結晶，它是一個最完整的方法，幫助人們放下過去的傷痛經驗遺留在心中的憤怒、怨恨、挫敗和恐懼。這本書提出的觀點、個案研究和練習，能引導你達成原諒的目標，即使是最難原諒的事也不例外。「釋放力量的原諒步驟」可以用在單一事件，也可以用來處理長久以來的負面情緒，追溯這些情緒的源頭。

實際進行時，不要想一口氣放下所有的負面情緒。若是感覺不對，就不要勉強自己進行下一個步驟，先讓情緒休息一下再繼續。坦然接受自己目前的狀況，對療癒過程來說非常重要。休息，回想，釋放，這些都是療癒過程的週期。勿急勿躁。你會在書中學會如何度過否認、沮喪、怨天尤人、靠酒精或藥物麻痺自己等等難關，直到你就能夠坦然面對事件，並選擇原諒。[2]

如果你正深陷地獄，那就繼續前行。

——邱吉爾（Winston Chruchill）

重點摘要

這本書運用了經過證實的心理學方法、歷史悠久的靈修法、各種資源和觀點，幫助我們度過情緒障礙，使原諒這件事不再遙不可及。書中也分析了大腦的運作模式和情緒防衛機制，深入探討原諒為什麼那麼難，以及如何能讓它變得更容易。

按照章節順序閱讀，你就會理解腦袋如何又為何緊緊抓著有害的想法不放。你要做的是回答書中提出的問題，並照著書上的練習去做，鬱積一輩子的痛苦便會消失無蹤，取而代之的是多年來未曾有過的自由感受。

原諒不只在心靈和情緒層面上其必要，在社會層面也一樣。選擇原諒，人與人的距離才可能拉近，愛與和平的終極理想也才能實現。原諒甚至是解決暴力和成癮等社會問題的神奇靈藥，還能化解憤怒或愧疚所引發的種種衝突紛爭。

善用書中的觀點和方法，你就能夠：

- 放下憤怒、怨恨、負面情緒，以及對他人的敵意。
- 生活更平靜、更自在。
- 生命更富足，因為你知道如何、何時和從哪裡開始原諒。

真正的寬恕必定要面對過去，全部的過去，這樣才可能有未來。我們不能再繼續餵養仇恨，就算是代替那些再也無法為自己發聲的人也不行。我們必須承認自己所做的事，為了過去、現在和未來的世世代代。

——戴斯蒙・屠圖（Desmond Tutu），

《沒有寬恕就沒有未來》（*No Future Without Forgiveness*）

願你實現內心深處的夢想。祝福你閱讀這本書的過程充滿啟發，滿載而歸。

第一部 用不一樣的方式思考「原諒」這件事

恨的力量不會把你帶到任何地方，
但原諒的力量會透過愛顯現，
使你的生命產生正面的改變。

第一章　大腦如何運作

原諒洗去了靈魂在日常生活中蒙上的塵埃。

原諒是你用來改變關係、修復生命的最強大力量。抱持原諒的心態讓我們能從更高的層次去看待過去的痛苦和創傷，並帶來真正的療癒。

我曾聽人說過獵人捕捉小猴子的方法：把葫蘆綁在樹上，花生放在葫蘆裡，葫蘆的開口很小，只夠猴子把手伸進去拿花生。獵人回來時，就會發現猴子因為捨不得放開花生而被困在。這就是緊緊抓住怨恨和創傷對我們造成的影響。我們就是抓著花生不放的猴子，把自己的心智和心靈困住，阻礙愛、平靜和喜悅的感受進入我們的生活。

我們為什麼抓著花生不放？是什麼樣的思考模式和情緒阻止我們原諒？我們為什麼聽從它們的擺佈？假如能夠回答這些問題，我們就掌握了原諒的工具。

一個藏很深的祕密

幸運的是，近年來有關原諒的研究百花齊放，同時證明了原諒對情緒和身體有極大的好處。[1]大腦研究指出可能延遲或阻礙原諒的神經傳導系統或思考模式。心理學揭露了讓我們執著於抑制模式和怨憎嗔等情緒的大腦機制。因此我們愈來愈了解大腦如何運作，又如何對我們造成妨礙。這些觀點和工具都有助於我們更容易達成原諒的目標。

原諒和它帶來的顯著成果逐漸廣為人知，但心理學多半還是忽略了原諒的強大力量。卡爾・桑若森博士（Carl Thoresen）是史丹佛大學心理學和精神醫學的退休教授，同時也是「史丹佛原諒計畫」（Stanford Forgiveness Project）的研究員。他稱原諒是「一個藏很深的祕密」，他跟同事「很少遇到知道原諒是什麼又如何運作的人」。[2]為什麼會這樣？有個推測是，十九世紀中期到晚期，大多數心理學家都很排斥教會對心理健康的掌控和詮釋，尤其是佛洛伊德。我跟其他研究者[3]都認為，心理學之所以忽略了原諒這個主題，是因為原諒跟「教會」及其教條息息相關。因為如此，原諒就被專業治療領域排除在外，並持續至今。

如今，要找到一個了解原諒具備何種力量的治療師或醫師並不容易。我寫這本書的目的之一，就是想要幫助專業和業餘人士更懂得如何幫助他人原諒。

由於宗教在助人原諒這方面成效有限，我也希望這本書對神職人員和教牧諮商人才有所幫助。幾世紀以來，神職人員勸人寬恕卻沒有提供明確的方法，因此效果並不理想。本書整理了許多現有的原諒技巧，善用這些技巧，相信能幫助你達到目標。

對有些人來說，**不去**計較一件事造成的負面影響，就決定原諒對方，是更簡單的方法。我稱之為「直接原諒」。但要這麼做其實很難，多半是對上帝的寬恕和愛深信不疑的人才能夠辦到。絕大多數的人無法直接選擇原諒，甚至認為這根本是天方夜譚。

當一個人在怨憎嗔中經歷情緒狂潮時，要他直接原諒實在太難了。就這樣選擇原諒可能只會通往「虛假的原諒」，儘管有原諒的意念，卻還是丟不掉心中的怨恨，甚至想要報仇洩恨。決定要原諒，卻沒有處理內在的糾葛，最後免不了要一再重複同樣的過程，因為情緒狂潮還壓在心底，沒有被釋放。

現今的相關研究、心理治療和諮商，絕大部分都是要幫助人走到「決定原諒」的階段。[4] 而這本書和裡頭的練習，針對的則是還做不到這個決定的人。書裡的方法教你面對內心的怨恨和愧疚，擺脫它們的糾纏。繼續往下讀，你會發現卡住的感覺不見了，你鬆開了手，不再緊抓著負面情緒不放。

有關原諒的迷思

有幾個在大學進行的重要研究探討了阻礙我們原諒的錯誤觀念。第三章整理了許多錯誤，甚至有害的觀念。這些觀念讓人對原諒留下錯誤的印象，甚至打消了原諒的念頭。

以下是五個破壞力最大的迷思，一般人卻深信不疑。他們認為原諒：

一、需要有人道歉認錯。

二、縱容傷害他人的行為。

三、出自懦弱。

四、需要你跟對方和解。

五、會使你再度受傷，因為你必須「轉過左臉讓人打」。

我們的文化也助長這些迷思。然而，原諒並不是縱容惡行，也不一定要跟誰和解，更不是軟弱的表現，甚至不需要你道歉接受。原諒是鼓勵你放下那些正在傷害你的負面情緒，為自己和他人設立界線，避免自己受傷。

真正的原諒能解放你的身心靈。但難道一個受虐婦女應該原諒對她施暴的丈夫，繼續忍受丈夫的毆打嗎？當然不是！接下來我們會檢視哪些狀況可行、哪些問題行不通。如此一來，你就能學到**如何**原諒難以原諒的人事物。

要克服這些迷思，首先我們必須明白人類有兩種相反的生存策略。一個策略是攻擊威脅我們的人，例如敵人；另一個策略則是彼此合作，照應我們親近的人，例如家人、朋友、伴侶。

然而，這兩種生存策略並沒有我們以為的那麼穩定。有時候我們會把朋友或伴侶看成敵人。若無法原諒，「敵人」的標籤就會愈來愈大。當朋友變成敵人時，例如鬧到對簿公堂或分手離婚，絕不原諒對方是一種常見的心態。

該原諒？還是報復？

面對仇恨怨忿，究竟該不該原諒和放下，一直以來都引發爭論。媒體上到處可見報仇雪恨的報導，寬恕原諒卻很少見。這多半是因為上述兩種生存驅力在互相拉扯，一邊是高尚而真實的自我，一邊是反映生存本能的自我，兩者之間出現了斷裂。兩個都是我們的一部分。前者給了我們遠大的理想，以及融入群體、崇尚和平、和善待人的目標；後者立下界線保護我們免於受傷。然而，當後者掌控全局時，我們會變得孤立、抑鬱沮喪、充滿報復心。

想要超越只顧生存的原始自我，我們必須了解它的運作機制，如此一來，高尚或真實的自我（熱愛生命、思考清晰、關心他人、愛好和平的自我）才能成為生命的主宰。

我的醫學背景使我一頭栽進新近的大腦研究。這些研究對於我們為什麼做某些事或說某些話，尤其是在高壓的狀況下，提供了開創性的見解和分析。

我的很多學生和個案都是在對大腦的壓力反應有了基本的理解之後，才能夠做到完全的原諒。我指出這一點，是因為這對原諒來說不可或缺，也能幫助我們理解生活中可能發生的狀況。此外，面對放不下心中怨懟的人時，這一點也很重要。

當你沿著河流航行時，若是不知道哪裡有斷枝殘幹、沙洲和過去的船隻殘骸，潛藏的危險無可避免會對你造成傷害。這本書就是你的航海圖，你可以用它來橫越生命的驚濤駭浪，平安稱心抵達目的地。

創傷和高壓對我們的影響

當一個人無法原諒他人時，通常是因為還沒有擺脫創傷／壓力所帶來的痛苦。要能夠完全做到原諒，我們必須先處理內心的痛苦。原諒他人對你造成的創傷，或是你對他人造成的創傷，是最基本的步驟。在接下來的章節，我會說明如何克服這類創傷。多年前發生的可怕事件，對一個人產生的深遠影響可能延續至今。參與過伊拉克戰爭的退役軍人，自殺率是一般美國人的兩倍。「這是你不常聽見的戰爭傷亡。」[5]退役軍人的自殺率也比現役軍人高。越戰退役軍人的自殺率，甚至比戰場上的死亡率還高。[6]

退役軍人自殺的主要原因包括：相信原諒的迷思、不知道該不該原諒（自己或別人），以及在情緒極度緊繃的狀態下根本無法做到原諒。要了解這點，我們必須先知道大腦在壓力下如何運作。

腦部研究揭露了關於以下幾個重點的有用資訊：

- 我們為什麼會出現某些舉動？
- 壓力為什麼會使我們反應失常？
- 如何處理壓力反應，我們才能做出更合宜的行動？

大多數人都把大腦看作是資料處理器，就像位在大腦裡的一部電腦，負責協調各種思緒和身體功能。若是你想要原諒某個很可惡的行為，你對大腦的理解就必須更加全面。多數人對大腦的理解，其實反而會對原諒造成阻礙。

大腦的壓力反應對我們的影響，目前尚未得到充分的證明。深入了解壓力如何對大腦功能造成負面影響，能夠提升我們面對他人和面對生命的方式。雖然理解和同情不會合理化發生在你身上的事，但能幫助你放下怨懟，重新找回平靜的心。

我們隨時隨地都在原諒，畢竟人非聖賢，犯錯在所難免。由於原諒是人與生俱來的能力，所以不論馬路上、城市間、工作場所中，大多時間人際往來都能順利運轉。若非如此，我們舉目所及就會是一片混亂和暴力衝突。當心智沒有被大腦的反應系統困住時，原諒是很正常的選擇。一旦我們承受的壓力增加，原諒就變得愈加困難。

壓力愈大，原諒愈難。然而，跟他人的相處合作要能成功，原諒絕對不可或缺。從事個人工作要能成功，也必須懂得原諒自己。了解大腦的生存機制對你產生的影響，能使你從不同的角度去看待生命中的負面情境。

遭受打擊時，例如失去工作、財產或伴侶，如果大腦的壓力反應系統開始運作，原諒就更加困難了。這是因為日後關於該事件的所有記憶，都會被壓力反應困住。所以就算多年後回想，仍然會有強烈的反應湧上意識表面。而人自然而然會想要避開這類的痛苦回憶。

然而，逃避其實並非對你最有利的選項，因為所有痛苦只是躲在意識表層底下，反而使你的生活蒙上一層陰影。未被原諒也尚未解決的事件累積得太多，可能不知不覺使你的心靈經常處在有害的狀態下。假如把失去工作、家庭或伴侶的恐懼所帶來的壓力加進來，情況可能看起來更令人絕望。但事實並非如此。原諒就是一個力量強大的解方。繼續往下讀，你就會找到你要的答案。

腦內戰爭

一九六〇和七〇年代的大腦研究發現，人類腦中有三個運作系統。雖然後來的研究推翻了這個理論，但早期的研究仍然指出人腦結構中互相對立的反應系統。一般而言，這些大腦系統通常都合作無間，因此我們才能清晰思考，達成目標，心情愉快。[7]大腦的不同系統在安全的環境下運作最為順暢。安全的環境可以讓腦袋像交響樂團一樣協作，而不是混亂的戰場。可是當壓力或恐懼淹沒我們的時候，腦內戰爭就開始了。

從遠古以來，人類的大腦結構就不斷在適應外在環境，擴大容量，持續演化。[8]因為如此，至今我們還留著人類祖先，甚至哺乳動物和爬蟲類動物時期的反應系統。這些為了適應環境而形成的早期大腦系統，不只幫助我們存活下來，也使我們發展出重要的社會特質，甚至感受到愛。然而，一旦受到威脅或碰到危急狀況，這種「原始」或快速反應的大腦系統卻可能凌駕大腦新演化出來的結構——負責思考的新皮質（neocortex）。

新皮質是大腦中最大的區域，掌管語言、邏輯、分析，以及對我們來說很重要的原諒。[9]當大腦的反應系統當機，新皮質面臨生存危機時，我們的立即反應是戰、逃，或是楞在原地。這時候，我們突然間喪失了冷靜思考和解決問題的能力，說話也變得語無倫次。

壓力大的時候，處在生存模式的大腦反應系統會凌駕我們的思考，導致我們做出日後會後悔的決定或不適當的行為。[10]史前時代的人類為了存活，往往不經思索就立即採取行動或開口。但到了現代，這種為了存活而產生的原始反應往往只會造成反效果。

舉例而言，艾薩克為人隨和，永遠不吝於用微笑對同事表達感謝，或在必要時對同事伸出援手。但自從女兒被診斷出罹癌之後，他不只無心工作，也變成一個可怕的人，只要一點小錯誤都會讓他抓狂。辦公室陷入一片混亂，直到同事發現他受到的打擊。於是大家團結起來支持他，幫助他度過最難熬的前幾個星期。

每當我們遇到緊急狀況，原始大腦系統就會啟動我們的交感神經，這時候身體會出現特定的反應，並以「壓力」的樣貌顯現。除了心跳加速、肌肉緊繃、視線狹隘這些最典型的身體反應，壓力也會引發各種情緒反應，例如恐懼（伴隨想逃跑的衝動）、憤怒（伴隨想攻擊的衝動）、麻木，以及慌亂失措。

每個人的壓力承受度都不同。一旦達到壓力過度的臨界點，我們的交感神經就會全面啟動。原始大腦系統讓我們一直保持緊繃，直到重新感受到安全為止。

為了找回真實的自我，你必須遠離威脅或危險，大腦的壓力反應系統才會平靜下來。然而，若是你無法感到安全，或是無法在工作場所或家裡找到安全的空間，要關掉交感神經可能很難，甚至會導致充斥現代社會的暴力或成癮問題。之後的章節我們會提出許多方法，幫助你平靜下來，快速恢復冷靜和採取行動，進而開始原諒。

撫平壓力反應系統

「爬蟲類腦」（reptilian brain）是美國國家衛生研究院的研究員保羅．麥克林博士（Paul MacLean）替人類的原始大腦結構所取的名字。[11]他提出的大腦結構雖然目前看來不全然正確，卻為我們指出壓力反應如何變成一種長期狀態，而非只是單一反應，從而導致恐懼、憤怒或任何一種負面情緒，毒害我們的身心靈。「原諒」就是幫助我們擺脫這種持續不斷的壓力反應的關鍵。

作者叮嚀：當你開始面對自己的怨憎嗔時，負面感受可能重新浮上心頭，使你裹足不前。但這只是恐懼發出的煙幕彈。在自然界中，獵物遇到這種狀況通常會轉身發動攻擊。假如過去的可怕事件無情地糾纏著你不放，攻擊有時是最好的防禦。

如果你下定決心除掉心中的惡魔，與它們正面對決，它們就會失去嚇唬你或傷害你的力量。

想到要與內心的痛苦面對面，你往往覺得自己會敗下陣來。但逃避心中的惡魔反而會使它們更強大。過去保護我們不受傷害的防衛機制，如今反而阻礙我們改變習慣性的反應模式，無法好好地活在當下。

恐懼使壓力系統不斷運轉，不只無助於原諒，也扼殺了生命的喜悅。這樣的現象在現代社會無所不在：害怕失業、害怕花錢、害怕家庭破碎、害怕前途黯淡，諸如此類。這些恐懼都真實無比。但想要過更好的生活，我們就必須走出恐懼。無論原諒與否，我們都必須撫平內心的恐懼。

我們都知道比賽時一旦害怕就會表現失常，而你或許也親身經歷過，面試時看起來惶惶不安只會被扣分。流露出恐懼之色難以得到他人的信任或欣賞。有些人藉由食物、藥物或酒精來撫平恐懼，但這些治標不治本的方法只能暫時解決問題。有很多不需要訴諸藥物或酒精就能撫平恐懼的方法，畢竟藥物和酒精反而會造成更多傷害。

想要享有美好、富足的人生，我們就必須關掉不斷運轉的壓力反應系統。想必你會說：「有帳單得付、小孩得養、家庭得顧，怎麼可能？」這些苦我都知道。我只是要提醒你，壓力反應看似正常，對你和你周圍所有人都不是最有利的選項，尤其是小孩。這本書會引導你一一展開你需要的改變。別放棄希望。

現在你只要記住，你腦中發生的事遠比你想像的更加複雜。承受壓力時，強烈的情緒和衝動可能會戰勝理性，使人做出「不像人」的行為。這是因為邏輯、分析和解決問題是人類大腦中相對較新的功能。當原始腦掌握主控權時，腦中的混亂就會接踵而至。暴力衝突、大規模槍擊事件、恐怖主義，以及戰爭創傷都是明顯可見的例子；較隱微的例子則是憂鬱、絕望，以及逐漸攀升的自殺人數。

原諒有助於撫平恐懼的心靈。當「戰或逃」的反應模式主宰大腦時，原諒並不容易。想要拿回主控權，你得先在內心或外在環境中找到一個安全的地方。

有很多方法能撫平恐懼、恢復平靜，包括冥想、禱告、走進宗教場所、跟知心好友談一談、聽安撫人心的音樂、找人幫你照顧一下小孩、做些有趣的事、讀本激勵人心的書、運動，甚或沖個澡。

作者叮嚀：平撫恐懼的活動只要進行二十分鐘，你就會發現自己很大程度擺脫了大腦的壓力反應。

要記住，你不等於那些壓力反應。你的任務是意識到它們的存在，解決它們，奪回你的生命主控權。要是你把自己等同於這些原始的大腦反應，你就等於放棄了真實的自我和掌控這些反應的能力。這就是自我認同出了差錯。

被壓力反應主宰時，你會覺得自己彷彿變了個人，甚至有中邪或著魔的感覺。某方面來說，確實如此。這種情況發生時，請盡快讓腦袋平靜下來，不要衝動行事。我知道，說得容易，做起來很難！

寫下來，放下才能原諒

有一個有效的方法可以擺脫原始的壓力反應，重新找回真實的自我：在怨憎嗔的情緒浮現時把它們寫下來。這個簡單的動作，就是你願意面對它們的承諾。

閱讀本書和檢視生活時，你心中對自己或對他人的心結難免會冒出來。那就把它們寫下來，以便日後回顧。之所以要記錄下來有兩個原因：

一、確保你之後會回來處理它們。

二、進行書中練習和問題時，這些記憶能派上用場。

多年沒再想起的事情也可能會浮現你的腦海。這些事被埋藏在你的內心深處，是大腦為了避免痛苦而啟動的一種防衛機制。如果一件往事至今仍然讓你難受，就表示它並未癒合。除非你願意處理它，否則它會在意識底層持續對你產生影響。

在《情緒分子的奇幻世界》（*Molecules of Emotion: The Science Behind Mind-Body Medicine*）一書中，知名神經科學家甘德絲・柏特（Candace Pert）指出，當創傷受害者寫下他們的經驗時，生理上確實會出現變化。[12]

閱讀本書時，請準備一本筆記本放在旁邊備用。記下浮現你腦海的煩心事件，包括你正在處理的心結、如何處理，以及過程中你的發現和體悟。這是很重要的工作，所以買一本質感好的筆記本，寫的時候才能樂在其中。寫下來，對原諒的過程會很有幫助。

放下傷心懊惱對大多數人都不是一件容易的事，但每個人都能學會方法，只是需要努力和練習才能成功。所有事都是如此。所以務必照著本書的練習做做看。

想要得到快樂，你就必須面對把你困在抗拒、仇恨或報復念頭裡的惡魔。而原諒則能夠釋放這些負面的想法和感受。一旦擺脫它們，你就更能掌控自己的想法、力量，以及做決定的能力，從正面感受中做出有益於自己和他人的選擇。

作者叮嚀：原諒有時是一條艱辛難行的路，因為它可能掀起痛苦的回憶。[13]由於這個原因，以及回憶可能帶來的情緒混亂，建議你把它當成一項私人的任務，除非你有把握自己不會受傷。人在這種時候特別脆弱，你不會想要遭受他人的批評和嘲笑，或從他人那裡聽到不被原諒的故事。你不需要這類的情緒干擾。

我認識勸人寬恕但自己卻無法做到寬恕的神職人員，當然他們對於「原諒」這件事的重視和理解也不夠。有人說，唯有聖人能夠寬恕，這番話在過去或許不假，但時代已經不同，如今無論是誰都能寬恕。所以盡你所能去做，或許旁人會注意到你的改變，問你如何做到的。

切記，絕對**不要**告訴某個人你已經原諒了他，除非對方過去曾經請求你的原諒，而你沒有答應。告訴一個人你已經原諒了他，可能會顯得自己狂傲自大。這麼做有可能引發更多問題，因為對方看到的狀況或許跟你並不一樣。不需要強調自己原諒了他們有多麼寬宏大量。無須話語，態度轉變就已足夠。

反對原諒的人認為那是軟弱的表現。事實上剛好相反，原諒需要莫大的勇氣。「弱者從來無法原諒。原諒是強者的特質，」聖雄甘地曾這麼說。儘管如此，我們的文化崇尚的卻是復仇，而非寬恕。

我有一名舊識遭遇喪子之痛，她讓酒駕肇事者依殺人罪，而非過失致死罪被起訴。後來她發現肇事的年輕人罪不致於無期徒刑，而且他的母親也為了他傷心不已。於是她決定原諒對方，幫助他出獄，但這個決定卻讓她的家人無法接受。[14]當蘇．諾頓（Sue Norton）決定原諒殺死祖父母的凶手時，她朋友會在路上故意避開她。儘管如此，這兩位女士都沒有後悔自己做出原諒的決定。[15]盡一切力量去原諒，但要先確保自己能安全表達看法，並從中得到收穫。

原諒能抹去過去造成的傷害，無論是三十年前或三十分鐘前發生的傷害，讓我們完整地活在當下。它讓人思緒清晰，因為移除了蒙蔽心智和心靈的負面情緒。有了清晰的腦袋，你可以在生活各層面做出有益身心的決定。

畢卡索對藝術的詮釋，我認為也能套用在「原諒」上：

> 原諒洗去了靈魂在日常生活中蒙上的塵埃。

我曾經聽過一個故事。有位女士在高速公路上開車時，一名駕駛故意把車切到她前面擋住她的路。她雖然被嚇到，整個人又驚又怒，卻很快重新掌控住車子，沒有發生不幸。她熟悉原諒的技巧，明白在那個當下負面情緒已經影響到她開車，因此她趕緊放下心中的憤怒，甚至在心中祈禱。幾分鐘後，對方又去擋了另一輛車，導致那輛車撞上第二輛車，再撞上第三輛車。轉瞬間，好幾輛車在她四周撞成一團。而她卻能沉著冷靜地避開這些車，毫髮無傷地開下高速公路。她認為這都是拜自己當下能放下憤怒、冷靜思考之賜。她很確定要是自己沒麼做，一定也逃不了那場連環車禍。

應該要認清的是，不斷拖著一顆充滿怨恨的心到處跑，絲毫幫不上你半點忙。原諒的力量就埋在你心裡。過去確實發生了一些事，但為了你自己好，你還是必須把它放下，往前邁進。

——菲利普．麥格勞（Phil McGraw），摘自《敢作自己》（*Self Matters*）

底下是保羅．科爾賀跟朋友談他的小說《我坐在琵卓河畔，哭泣》裡原諒的段落：

「這些話都很動聽，但我不知道自己能不能那麼輕易就原諒忘恩負義的行為。」……「很困難，但你別無選擇。假如你不原諒，你就會去想它們對你造成的痛苦，那種痛苦就永遠不會消失。我不是說你得喜歡那些對不起你的人，也不是要你回到那些人身旁，更不是建議你把那些人看成天使，或看成沒有惡意的人。我要說的是，恨的力量不會把你帶到任何地方，但原諒的力量會透過愛顯現，使你的生命產生正面的改變。」

第二章　原諒究竟是什麼？

原諒不是偶爾發生的行為，而是恆久的態度。

——小馬丁・路德・金恩博士

根據《劍橋國際英語辭典》（*The Cambridge International Dictionary of English*）的解釋，原諒就是「停止責怪某人對你做過的事或對他們生氣，或是請求他人別再對你生氣」。

根據以上的定義，「原諒」似乎是一次性的行為；然而，其實原諒更是一種面對生命的方式。

要使原諒成為生命中固定的存在，我們不只需要了解它的本質和方法，也必須克服對它的誤解或迷思（第三章），並認清他的種種好處以強化執行的動力（第四章）。

別再當討債鬼

在課堂上授課以及在為案主進行諮商時，我發現解釋和定義原諒最有效的方式，就是拿免除債務來當作例子。也就是不再追討別人欠你的債。

簡單地說：**原諒，就是放下你認為別人欠你的東西**。

若是換成創傷經驗，原諒就是放下你期望他人償還的實質債務或感情債。一旦原諒，那個人或那群人就不再欠你原本你期望他們償還、理解或感受的東西。你不再覺得需要他們感同身受，不論是你身體的傷或情感的痛；你也不再渴望他們對你道歉，畢竟對方對那個事件的看法可能跟你截然不同。原諒同時表示放下希望對方遭到天譴或下地獄的精神債。

基督教的《主禱文》說得很清楚：「免我們的債，如同我們免了人的債。」免除債務就是放棄別人欠我們的債。同樣的，原諒別人對不起我們的事，就表示放掉我們認為對不起我們的人應該受的懲罰，或欠我們的東西。

那代表不再想著「以牙還牙，以眼還眼」，但那不等於打不還手或任人宰割。如聖雄甘地所說：「如果每個人都以牙還牙，以眼還眼，世界上所有人很快就會瞎了眼和掉光牙齒。」

你需要從對不起你的人身上得到什麼？深入思索之後，我們通常都會改變一開始的想法。雖然你知道要怎麼做才能放下內心的某個結，卻從來沒有成功過，大概也很難成功。背後的原因很多，但最根本的原因是，或許你必須重新評估自己的期望是否符合現實，以及達成心中所願的可能性有多高。

路克的故事是免除債務的一個好例子。他是個牧師，來上過我最早的「如何原諒」的治療課程。雖然他知道原諒的價值和必要性，情感上卻無法更進一步，因為有人在他的信徒面前說謊汙衊他，甚至因此引發教會內部的衝突決裂。路克希望說謊的人在信徒面前承認自己做錯事，但這麼說的同時他不由得苦笑，因為他知道對方相信自己說的話句句屬實，絕不可能跟他道歉。路克發現，期待一個永遠不會到來的道歉，實在太不切實際了。此外，他也體認到，教會之所以決裂，問題出在信徒對他不夠信服，而這個問題大概遲早都會爆發，因為他的行事作風跟上一個牧師迥然不同。

光是把債務清楚列出來，都能讓人有新的體悟。有些人原本就有探索自己內心的經驗和能力，但這並不是一般人立刻就會做的事。路克做了許多內在功課，因此明白不切實際的期望會造成的後果，以及為他帶來的痛苦。

列出債務之後，接下來是問自己：**你能夠為了得到心靈平靜而放下債務嗎**？這是原諒的基本工。你必須願意考慮「不討回你認為別人欠你的東西」的可能性。願意考慮放下原本的期望，能幫助你邁進一大步。

但這還不是終點。下一步是找到另一種原諒的方法，這個方法跟對方無關，因為對方可能永遠不會改變，永遠不會如你所願地幡然悔悟或得到懲罰。

藉由原諒，你釋放了堆積在心裡的憤怒、憎惡、不滿和怨恨，為自己的負面及自我毀滅的心態立下界線。那是你給自己的一份禮物。若你遇到的情況跟社群福祉、家庭和諧或夫妻和睦有關，這麼做也是獻給他人的一份禮物。[1]

原諒是一種愛的表現。它是一種個人的選擇，能減輕創傷或挫敗造成的痛苦、傷害和憤怒對我們的影響。它需要你放下敵意和惡意，也需要你走出情緒的牢籠，探索更深層、更寬宏的自我。原諒是一種勇氣的展現，因為你必須毅然決然放下心中的委屈與不滿。

> 原諒就是即使別人傷害了我，我也願意放棄傷害對方的權利。
>
> ——無名氏

如何確定你已經原諒了？

下面引用的這句話，可以告訴你如何知道自己已經原諒了，以及從哪裡尋找線索。多年來我都用這句話幫助我的學生和個案，因為它簡潔明瞭。

> 當你想起某個人的時候，不會再覺得受傷，就表示你已經原諒他了。[2]
>
> ——卡蘿爾．亨特利牧師（Karyl Huntley）

當你想到對不起你的人時，是心無波瀾？還是在心中激起驚濤駭浪？

知名作家及神學家路易士・史密德博士曾經在《寬恕始能忘記：治癒內心那不必要的傷害》（*Forgive and Forget: Healing the Hurts We Don't Deserve*）一書中寫道：「當你回想起曾經傷害過你的人，覺得自己能夠給予祝福，那就表示原諒已經開始了。」

研究原諒的著名學者羅伯・恩萊特博士（Robert Enright）及人類發展研究小組（1996）對原諒的定義是：「對傷害你的人不再有負面的感受、評價和行為，取而代之的是對同一個對象的正面感受、評價和行為。」[3]當你放下負面情緒，好的感受就會生起，不論是對自己，或者是對他人。

作者叮嚀：我見過有人釋放負面情緒，做到了原諒，卻沒有產生正面的感受，這在暴力受害者身上尤其常見。

然而，上面提到的原諒研究小組強調，若是要原諒自己，不只要面對自己犯的錯，也要放下對自己的負面想法、感受和行為，「以同情、寬容和愛取而代之」。當原諒的對象是自己時，你必須要對自己產生正面的感受、行為和想法，不然就不算完整。

慈心觀

近年來，我的諮商、課程和研究小組的成員利用慈心觀（lovingkindness meditation）來練習原諒，成效十分顯著。慈心觀又稱慈心宣言，或慈心禱告，它將我們的心念轉向祝福他人，也就是原諒所能達到的最終成果。每天練習，大腦和身體都會出現顯著的正向改變，包括壓力降低，甚至減少身體發炎。練習慈心觀的人都提到，他們對生活更加感到滿足，身心健康提升，憂鬱的症狀也減少了。[4]

我發現慈心觀也能幫助遭遇困境的人自我療癒，即使是藥物或酒精成癮，或失去所愛的人。我把在網路上找到的各種版本的慈心練習，整合成一種冥想／宣言／禱告。誠心祝福他人，日後你也會從別人那裡得到一樣的祝福。最好是百分之百發自內心祝福他人，同時一邊想像對方得到你的祝福。

願你平安。
願你健康。
願你快樂。
願你免於痛苦。

願你滿懷愛與仁慈。
願你平靜自在。
願你心安喜悅。

在我面臨人生中最難原諒的狀況時，連續幾天不斷重複慈心宣言，最終能夠解開心結。慈心觀發揮了功效。雖然一開始我得假裝祝福，但堅持到最後終於可以誠心祝福對方。從中我也領悟到，若是對方真的如我所祝福，問題根本就不會發生。

有冤報冤，有仇報仇？

當我們考慮要不要原諒時，通常就會出現公平正義的問題。有人認為不該原諒，因為若是原諒，犯錯的人就無法得到應有的懲罰。那個人違反了個人的、家庭的，或文化的行為準則，你卻要原諒他？那麼當你受到委屈時，公理何在？

別人對你做了糟糕的事，甚至是不對的行為，你卻要白白放過他，這樣好像不符合公平正義。說不定你還想要教訓對方。然而，這樣的思維會使你情感上受的傷永遠無法癒合。永遠在想著要懲罰別人，你就很難快樂。

研究發現，透過報復或伸張正義來懲罰做錯事的人，是早期社會人口較少、族群規模較小時演化出來的大腦反應。在那樣的時空下，報復／伸張正義能有效改變人的想法。[5、6、7]

一旦出現報復的想法，大腦的**獎勵／酬賞**系統便會啟動，就像毒品上癮者想起毒品一樣。[8]然而，不同於一般認知，研究發現懲罰會使受害者更常想起加害者，甚至會加強報復的欲望。換句話說，報復不會帶來終結感。[9]這是因為報復的欲望來自腦中較原始的情感中樞。[10]此外，報復可能引發冤冤相報何時了的循環，造成更多問題。

邁克．麥卡洛博士（Michael McCullough）在《超越報復：原諒本能如何演化》（*Beyond Revenge: The evolution of the forgiveness instinct*）一書中提到，人類演化出原諒的能力，是為了約束我們的報復反應，因為隨著人類社會規模逐漸擴大，我們會再次看到仇人的可能性變低，而原諒同時能減輕報復對我們造成的壓力。原諒是人類較晚近才演化出的高等功能，由新皮質的前額葉掌管。[11、12]唯一值得報復的狀況是：受到懲罰的人理解自己為何受到懲罰。[13]然而，受罰的人往往覺得受到不公平的對待。如此一來，報復反而可能使情況更加惡化。[14]

如果你並不期望傷害你的人受罰或悔改，那就根本不需要原諒。問題出在想要報復的欲望對我們的情感所造成的影響。

報仇討回公道或許讓人痛快無比，但仔細檢視，你會發現平安喜悅也跟著消失了，這一點已經由科學家證明。當一個人想懲罰和打擊另一個人時，他就會受控於原始又衝動的大腦，而愛和喜悅都不歸這部分的大腦所管。

即使對方已經遠離你的生活，想懲罰對方的念頭卻可能持續不斷。很多人仍對死去多年的父母懷恨在心，仍在心中責備自己的父母，即使這樣的怨懟只會對自己造成痛苦。

我們總是認為是非對錯很重要。當你覺得自己的憤怒有正當理由時，日常生活、家庭和工作就會跟著受累。

當個人、群體或國家的價值、行為準則或道德規範被打破時，我們都期望正義得以伸張。原則、法律和規範能保護文化和凝聚社會，同時是家庭和人際關係的黏著劑。

當一個人或一群人違背了我們相信的價值，或破壞了我們遵守的規則，無論是在一對一的關係或社會網路中，通常就會遭到驅逐或排斥。唯有當他們充分彌補自己的過錯之後，才能夠重新被接納。

在司法體制中，這表示一個犯錯的人必須服滿刑期或完成公共服務之後，才能重新融入社會。在人際關係中，犯錯的人必須道歉或賠償損失。一般來說，原諒一個努力彌補過錯的人，相對來說比較容易。

但若是對方不認同你的價值觀，或是你期望他們遵守的規範，原諒就變得很困難。這種情況下要如何原諒？正義如何伸張？犯錯的人若對事情有不同的解讀，不認為自己有錯，所以不道歉也不悔改，你要如何放下痛苦、憤怒和傷害？本書提出許多方法，幫助你擺脫這些負面情緒。

為了你的幸福和健康著想

根據調查，憤怒和敵意高張的女性，發生心血管急症的風險較高。[15]更早的研究證實，A型人格☆不必然會有心臟病風險，反而是填問卷時敵意分數特別高的人風險較大。[16]狄恩・歐尼斯博士（Dean Ornish）是《愛與存活》（*Love and Survival*）一書作者，他引用了四十五份探討敵意和冠狀動脈心臟病之間的關聯的調查研究。[17]

☆作者注：A型人格者缺乏耐心，嚴格遵守時間，對自己的地位缺乏安全感、好強、好鬥、對人有敵意，難以放鬆。這些人通常是表現突出的工作狂，能同時做很多事，時間稍有延誤就會不高興。因為這些特質，A型人格通常被稱為壓力狂（stress junkies）。（摘自維基百科）

此外，杜克大學的一項調查指出，敵意測驗分數較高的學生，早逝的風險比同儕更高；報告也顯示，易怒的學生面臨的早逝風險甚至比吸菸、高血壓或高膽固醇的學生更高。[18]

若是你發現自己暴躁易怒，不妨考慮：為了你的幸福和健康著想，或許應該放棄批判和懲罰他人的角色。

此外，在學習原諒的過程中，隨時留意自己心態上的細微變化。關於原諒，我最重要的一個發現就是：它可能發生得很快。練習原諒時，你會感受到情緒上和想法上的微妙轉變。正面的能量從這些變化中逐漸累積，使你的想法得以翻轉。面對問題時，若是你覺得心情輕鬆了一些，或許暫時這樣就足夠。先休息一下，或是移往下一個步驟。

我稱這種感受和心態上的轉變為「身體有感的轉變」（felt shift）。你會感覺胸口暖暖的，心舒展開來，肋骨和喉嚨附近的肌肉變得比較放鬆，通常還會伴隨豁然開朗的感覺。[19]那就像是尤金．詹德林博士（Eugene Gendlin）在《專注的技術》（*Focusing*）一書中形容的「身體有感的覺察」（felt sense）——心跳再度變得和諧順暢。[20]

那是一種「恍然大悟」的感受，通常伴隨一抹會心的微笑，以及一種鬆了口氣的感覺。原因可能是一個寬容或同情的想法，或是對某個人有了新的理解。若是你細看其中的變化，你會發現自己對那個人的態度變了。而這個小小的轉變就足以改變你的一天，有時候甚至是改變你的整個人生。

原諒無法改變過去，卻能拓展未來。

——保羅・博斯（Paul Boese），荷蘭醫師

隨著每一次身體有感的轉變，你就能拿回一些過去被困在負面思緒裡的能量。持續檢視生命的不同面向，理解它們，原諒它們，你就能找回愈來愈多的生命能量。這個過程會愈來愈容易和快速，因為釋放的能量為你的生命增加了動力，強化你原諒、療傷、生活和愛人的能力。

「接受」不等於「原諒」

多年前我在洛杉磯的全國公共廣播電台（NPR）接受訪問時，探討過「接受」和「原諒」這兩個主題。

接受是原諒的過程中自然而然會達到的階段，因為你必須如實地回顧事件，以及事件帶來的各種負面感受，但是這麼做最後不一定會通往原諒。

接受的定義很多，learnersdictionary.com 的解釋是我認為最精準的描述：

• 停止否認或抗拒某件事物的真實性或必要性。例句：事實有時很難以接受。

• 承認你對某件事有責任或應該負起責任。例句：接受指責，或我接受自己要為這場車禍負起責任。

有可能你接受了發生的事，也接受自己有錯或有責任，卻不覺得自己被原諒或原諒了他人。真正的原諒會讓你擺脫負面的感受。當同情和理解出現時，接受便會帶來原諒。有效的原諒可以化解負面感受，讓事件不再對你的情緒造成負面影響。

接受的問題在於，你可能承認負面感受的存在，卻一再迴避它。我看過有人故意迴避及否認負面事件帶來的衝擊。這麼做對某些人來說可能有用。確實有人完全接受自己的心理狀態和沮喪憂鬱。但根據我的經驗，當你做到真正的、完整的原諒，沮喪憂鬱便隨之消散。這一點我們之後會再談到。

匿名戒酒會的大書裡有段話最接近接受的理想境界：「接受，是我現在所有問題的答案。我心裡之所以不舒服，是因為我無法接受某些人事物（生命中的事實）。除非我接受那些人事物確實就是如此，否則我就無法得到平靜……除非我完全接受生命對我的考驗，否則我就無法快樂。重點不在於世界上有什麼需要改變的，而是我自己和我的心態有什麼需要改變的。」

這種接受會引領我們來到「願意原諒」的門前。而原諒（放下負面感受）就是我們需要的改變。它使我們的身體和心智擺脫怨憎嗔，回歸跟生命的自然連結。經過原諒的心態轉換，我連冥想都比過去更加沉靜。

原諒的第一要務：爲自己設立目標

我會在本書中一一揭曉學習原諒的重要步驟。首先，你要先思考你認為原諒可以帶來最好的遠景或目標是什麼，而你必須往這個目標前進。

若是少了這個誘因和動機，要去面對內心的怨憎嗔可能會令你難以承受，也很容易半途而廢。當你心懷理想與目標，可以激勵你向前邁進。

根據我自己的原諒經驗，通常需要先為自己設立一個最好的願景。而這個願景就是體驗上帝無條件的愛，因此我會問自己：「我願意放下怨恨，體驗無條件的愛嗎？」這個問題每次都很管用。每次這麼問時，我都能鬆開內心的糾結，生起平靜喜悅的感受。

設定你的願景和目標，問問自己：

一、我希望自己的人生藉由原諒得到什麼？是自我療癒？還是得到更多的愛？平靜安穩的心？神聖的愛？跟上帝有更深的連結？

二、什麼能激勵我放下憤恨不滿？

三、除了我，還有誰能因為我的原諒而受益？

在此，我提供一個基督徒運用了數百年的練習，幫助你達成目標：

「免我們的債，如同我們免了人的債。」

如果你能立即實現這句禱告，就無須再更進一步。問題是很少人能夠做到，所以我們必須進一步檢視這個概念。

一、對方欠你什麼？一個道歉？跪地求饒？被倒吊三天三夜痛苦不堪？活活被你打死？電刑？

二、你想看到對方得到什麼懲罰？你期待什麼？沒得到什麼？或不期待得到什麼？這些問題的答案就是你認為對方欠你的債。（如果你練習的是原諒自己，要問的則是：你欠對方或欠自己什麼？）

三、寫下那個人或那群人欠你什麼（或你欠他人什麼）。只有你會看到答案，所以坦白寫下回答，再怎麼壞心或惡意都無妨。

四、寫下你內心真實的想法之後，看看這是否就是你要的公道。你有何感覺？

接著問：

- 對方得到懲罰或痛改前非的可能性有多高？
- 要等多久我才能如願？
- 我願意放下心中的仇恨嗎？

拆解目標，照顧情緒

原諒最大的阻礙，在於情緒負載過重，而這多半是因為你一次想要做到太多事。「釋放力量的原諒步驟」的目標，是要讓你能夠原諒還沒放下的各種新仇舊恨，而不只是單一事件。不過，要能夠成功達成目標，你必須把大目標拆解成一個一個小目標。

面對難分難解的問題，首先是把它分成實際可以處理的小項目。你不可能一次把一整盤食物都塞進嘴巴裡並吞下肚子，只能一口一口慢慢吃。原諒也是同樣的道理。試試看把棘手的事件拆解成較小、較能掌控的單位。

舉例而言，湯姆對一名建築承包商很感冒，於是他把自己對對方的不滿全部寫下來。他發現這麼做可以讓自己的心情平靜下來，之後他終於能夠跟對方坐下來好好談，雙方也達成了共識。

然而，有時候一次寫下所有的負面情緒會令人難以承受。馬喬麗因為醫療糾紛而對多名醫師感到不滿，當她把所有怨言列出來以後，反而更是讓她氣到不行，於是她一次針對一名醫師，寫下她對該名醫師的不滿，然後一一原諒她認為對方犯的錯。之後她按照同樣的方法，寫下對另一個醫師的不滿。全部寫完之後，她內心的憤怒和對醫生潛在的恐懼都消失了，她也願意接受有助復原的療程。

在原諒之前，你必須先照顧好自己。我從個人諮商、婚姻諮商、衝突排解和調解工作中學到最重要的一件事，就是人無時無刻都需要安全感。進行原諒步驟時也一樣。如果你覺得難受，就先停止。放輕鬆，先選負擔較小、不會讓你太激動的人或事。所有原諒練習都不會白費。

此外，在原諒的過程中，我們會發現關鍵問題。拆解事件往往會使一個重要問題浮現：究竟發生了什麼事？有哪些人涉入其中？檢視事件的方方面面，就能找到答案。原諒捲入其中的每個人，你才能夠徹底放下。

吉爾伯特和凱特琳離婚一年後，雙方才有辦法好好坐下來談談究竟發生了什麼事。兩個人分享彼此心得時，吉爾伯特內心出現了一個疑問：「我這麼難相處，跟我一起生活又那麼痛苦，為什麼妳還要跟我在一起？」凱特琳的答案令他吃驚。「我其實不介意。孩子們都過得不錯，家裡很舒服，你也沒有你自己想的那麼糟糕。」不同的答案對於不同價值觀的人會有不同的影響。

吉爾伯特很幸運，畢竟我們心中的疑問很少能夠得到直接的解答。跟人談談你心裡的結，尤其如果對方立場客觀，不會偏袒任何一邊，而且能提供你深刻的見解。

我們要原諒的對象

原諒大型組織

若是你覺得原諒某個大型機構或組織很難，那是因為你的負面感受太過龐大，壓得你喘不過氣。如前所述，把它拆解成一個一個小項目，問題就能迎刃而解。同樣道理，面對政府、組織、企業或教會犯的錯時，把目標鎖定在整個團體或「他們」，反而什麼問題都解決不了。把問題拆解成特定事件或特定的人，然後一一處理。回顧特定事件的具體狀況，你會更貼近事情的真相。

面對心中的憤怒委屈，先處理個別的小問題，才可能達到真正的原諒。

所有的機關組織、教會、社團、政治團體、政府部門都是由人組成的，也由人負責經營運作。**人都需要原諒**。拆解你的不滿情緒，想想代表該組織的人是誰。只要想到一個，其他人就會跟著浮現，你就可以逐一原諒。

跟我共事的一名女性曾經加入某個邪教。原本她認為寫下她加入該組織期間遭受的所有委屈，會讓她難以承受。但後來她發現，任由種種委屈不平在潛意識的情緒汪洋中沸騰，連帶也把她的生活搞得亂七八糟，反而使她更加痛苦不堪。於是她開始寫下所有的忿忿不平，沒想到心裡的感覺竟然逐漸平復好轉。

這種好的感受就是一個好的開始。務必持之以恆，繼續解開心中的負面情緒。

真相與和解委員會

實施多年的種族隔離制度之後，南非政府為了促進民族和解，在一九九五年成立「真相與和解委員會」，為種族隔離時期的加害者提供特赦。南非民主政府並沒有全面特赦加害者，因為他們知道這麼做行不通。委員會只為願意出面坦承真相的人一一予以赦免；加害者必須面對受害者，承認自己的罪行。

《長夜將盡：南非的真相與和解之路》（*Long Night's Journey into Day: South*

Africa's Search for Truth & Reconciliation）這部紀錄片巧妙地呈現了該委員會從事的部分工作，並在兩千年榮獲日舞影展最佳紀錄片。[21]之後共有十一個歷經內亂、內戰或獨裁統治的國家，使用了南非建立的這種「以真相換取特赦」的模式，只是名稱各異。[22]

原諒不公不義

世界上或歷史上令人反感的重大爭議（如種族歧視）背後，一定有某個人或某個團體，象徵著人們心中的不公不義。你必須探索過去，才能找到答案。

瑪麗安希望能原諒天主教會在中世紀的宗教法庭上對女性施加的暴行。她一直對那樣的暴行憤恨難平，而她腦海中宗教法庭的法官是披著黑袍、面容陰鬱而邪惡的男子形象。她知道自己得原諒那些神職人員。這樣的覺察促使她展開一段探尋之旅，以理解當時的神職人員都抱持什麼樣的心態。有了這樣的認知與理解，她終於能夠放下憤恨。

為了原諒德國納粹，雅各回想他遇過的每個納粹士兵和納粹支持者。接著他一一為這些人禱告，直到覺得自己徹底原諒每個人為止。但有些集中營的衛兵實在難以原諒，於是他不斷祈禱直到覺得心情平靜。如今他明白大家是如何被有關猶太人的謊言給蒙蔽而鑄下大錯。唯有如此，他才能放下心中的仇恨。這對他來說是一條漫漫長路，但每前進一步，路就變得好走一些。

瑪格麗特經歷了慘烈難熬的訴訟過程。多年來她換過幾個律師，案子卻還是沒有解決，她甚至比之前更心煩意亂，而且幾乎花光了積蓄。雖然日子還是得照常過下去，但她發現自己無法原諒整個司法體制，更不用說她控訴的對象。她在幾次心理諮商中嘗試了「釋放力量的原諒步驟」，一一原諒了訴訟雙方的每一個法律代表。由此她獲得了看待整件事的嶄新觀點，使她得以原諒她控告的人，最終訴訟也以她能接受的方式快速解決。

原諒上帝

「上帝竟然任由人類每天彼此傷害，你叫我怎麼原諒這樣的上帝？」哈維有天對我這麼大吼。「眼睜睜看著人類以祂之名相互殘殺，甚至摧毀各種文明，這樣的上帝我不能也不會原諒！」為了解決與上帝之間的衝突，他必須思考自己如何看待上帝、上帝的角色，以及他從哪裡、從什麼時候開始形成這些認知。

此外，他也必須檢視他歸咎於上帝的種種暴行。在自我探索的過程中，他舉目四顧，搖搖頭說：「這跟上帝無關！是人類因為恐懼和仇恨而做了那些事。人們甚至相信自己才是對的！做這些事的人是我們，不是上帝。上帝沒有做任何需要人類原諒的事。」

原諒上帝聽起來很自我中心。確實如此。這正是我們需要原諒的原因。我們總是從自己的觀點看待事情，永遠有過於自我中心的危險。

而原諒需要我們盡可能用別人的觀點來看待事情，包括上帝的觀點，假如我們要原諒的是上帝。我們必須重新評估從小到大所認知的上帝。重新檢討我們對全能上帝的認知，可以幫助我們了解自己，加深信仰，更加謙卑。

亞當是一名年輕警察，他的人生陷入危機，不斷懷疑自己的信仰。在列出他對上帝的所有不滿之後，他覺得好過一些，卻也對神學產生根本的質疑。他告訴牧師：「上帝應該改變困在邪惡想法中的心靈。」很多人都對上帝和人類的本質有同樣的懷疑。後來他告訴我：「當牧師問我自由意志的重要性時，我不知如何回答。跟他討論之後，我終於明白，若是沒有自由意志，人就只是被操控的機器人，是自由意志給了我們生命。」這樣的洞察幫助他理解和原諒。

原諒上帝就跟化解其他心結一樣，你必須：

一、拆解問題。

二、列出所有你認為上帝犯下的錯。

三、回答浮現腦海的關鍵問題。

花點時間檢視你的負面情緒，看看你是否能夠盡可能將它們拆解。

跨越第一道關卡：

這一章我們釐清了什麼是原諒、需要放下什麼才能原諒，同時學會拆解問題，了解和留意內心的細微變化，專注於你為自己設立的最佳遠景，藉此跨越了原諒的第一道關卡。

然而，我們並不期望你這麼快就原諒一切。但如果你已經得到不錯的成效，繼續往下一個你需要原諒的人邁進。

我在大學的原諒訓練課程裡開啟了更多相關研究。學生在課堂上學習原諒是什麼或不是什麼，僅僅是這個步驟，就可以看到顯著的成果。照著本書的練習去做，你的收穫會比課堂上還多！

第三章　原諒的實際好處

心懷怨恨就像被一隻蜜蜂活活螫死。

——威廉・華頓 William H. Walton

腦袋因原諒而改變

一旦你放下過去的怨憎嗔，身心靈的能量會變得更加豐沛。你花了多少能量抓住過去的仇恨，又能真正放下多少仇恨，就會有多少能量重新注入你的體內。一項知名大學所做的研究指出，原諒能促進心血管功能、降低血壓和放慢心律。此外，心理健康和情緒也會跟著好轉，焦慮和壓力減輕，憂鬱和絕望感減少[1]，不再暴躁易怒，人變得更有自信，自尊心不再不堪一擊。

心中的怨恨不滿累積太久會有害心血管健康，各個年齡層都不例外。只要你接受過原諒訓練，即使過了很久，對身心仍會持續發揮正面效用。無論從長期或短期來看，更懂得原諒的人都比較少罹患慢性病，身體更強健，生命力更旺盛，心理韌性也比較高。這麼看來，學習原諒只有好處，沒有壞處。[2]

主持史丹佛原諒計畫的弗瑞德·魯斯金博士（Frederic Luskin）在其暢銷書《徹底原諒：健康和快樂的特效藥》（*Forgive for Good, A Proven Prescription for Health and Happiness*）中指出，科學家發現光是出現原諒的念頭，都能使人的心理狀態和情緒好轉。相反的，受試者只要想像自己跟誰勢不兩立，身心都會產生負面反應，例如血壓升高。

他在書中引用相關研究，揭露原諒帶來的普遍好處：[3]

- 寬容的人比較少出現壓力症狀和健康問題。
- 比起敵意，無法原諒對心臟疾病的風險更大。
- 即使是受到嚴重創傷的人也能學習原諒，在心理上和情緒上變得更好。
- 習慣怨天尤人的人罹患心血管和癌症的機率較高。

科學研究也證實學習原諒可以：[4]

- 修補關係。
- 帶來希望、個人成長和自信心。
- 減少憂鬱、憤怒和焦慮。
- 增進同情心，提升心靈幸福，增進生活品質。

除了以上發現，原諒基金會的公衛碩士蜜雪兒・潘德（Michelle Pender）彙整其他研究結果指出：人們若無法原諒過去的傷痛，就會延長那些傷痛帶來的痛苦和憤怒。無法原諒，我們就會一再重溫過去的事件，身體也會一再承受同樣的折磨，各種健康問題便隨之而來。[5] 相反的，原諒帶來的結果是疾病症狀變少，服用的藥物減少，免疫系統增強，心血管變強健，血壓也跟著下降。

無法原諒和對人懷恨在心，經證明有害健康。許多研究都指出，敵意和憤怒跟心血管健康不佳息息相關。[6]因為無法原諒所導致的憤怒及其他感受，往往會造成血壓長期偏高及血小板過度凝結，可能引發血栓並增加心臟病發的風險。[7]

另一項研究發現，不斷回顧傷痛和打擊的受試者，心跳會變快，血壓升高，臉部肌肉繃緊。[8]相反的，實驗發現原諒有益於保持正常血壓，擺脫壓力，快速降低血壓。[9]事實上，原諒對心血管健康大有幫助，科學家甚至建議將原諒治療納入現有的心臟復健療程。[10]

原諒之所以對我們的健康有如此大的影響，一個重要因素是它的效果具有持續性。它為我們的身體建立長期的防護力，阻止我們一再重複過去的創傷和焦慮，或使我們想起這些事時不再出現有害健康的負面情緒。[11]

創傷引起的壓力和負面情緒若是因為無法原諒而一再延續，就可能破壞我們的免疫系統。這對健康會造成實際的負面影響，包括容易感染傳染病、傷口難以癒合。[12]搜尋網路你會發現原諒跟愛滋病患的健康也大有關係。其中一項研究發現，憂鬱是一種與無法原諒密切相關的症狀[13]，它會導致CD4T細胞減少，而這種細胞能對抵擋病毒和細菌的免疫系統發出警報，是延緩愛滋病毒擴散的一大功臣。

無法原諒同樣會影響人體的免疫系統，只是沒那麼直接。憤怒、怨恨、敵意及其他與無法原諒相關的負面情緒，往往會使人愈來愈孤立，朋友和家人可能都被拒之在外。有明確的證據指出，具備強韌、健康的人際關係，就有強韌、健康的免疫功能。相較於有親友提供支持的愛滋病患，缺乏社會支持的愛滋病患的CD4T細胞減少得更快。[14]

社交孤立對我們的免疫系統會產生負面影響，人際關係失和也有類似的效果。研究發現，吵架時出現較多敵對和負面行為的夫妻，會有免疫系統下降、壓力荷爾蒙上升的現象。免疫功能產生變化也抑制了傷口癒合和身體抵禦感染的能力，提高了染疫、久病不癒和腫瘤增生的風險。[15]

腦中的想法對身體健康的影響如此之大，因此透過原諒治療或冥想來處理腦中的思緒，不失為對抗健康問題的好方法。研究發現，冥想能增加人體內的褪黑激素，而褪黑激素能提升免疫功能，抑制前列腺惡性腫瘤生長。[16]

由此可見，抓著負面情緒不放對我們的健康有害無益。有個實驗甚至發現，情緒和身體組成有直接的關聯。研究人員把人類ＤＮＡ鏈放在容器裡，之後讓容器暴露在研究人員的感受和情緒中，結果發現ＤＮＡ會根據接觸的情緒種類而改變形貌。暴露在感激、愛和欣賞等情緒的ＤＮＡ鏈變得鬆弛。相反的，暴露在憤怒、恐懼、沮喪和壓力中的ＤＮＡ鏈則變得緊繃，長度也變短。[17]

原諒治療，增加生命能量

羅伯・恩萊特（Robert Enright）和理察・費吉本（Richard Fitzgibbons）博士合寫了《寬恕治療：解除憤怒與重燃希望之理論與應用》（*Helping Clients Forgive: An Empirical Guide for Resolving Anger and Restoring Hope*）這本教科書，探討原諒治療的種種好處。他們的研究證明，原諒治療有助於醫治：[18]

- 焦慮症，包括廣泛性焦慮症、分離焦慮症、恐慌症、社交恐懼症、強迫症。
- 創傷後壓力症候群（PTSD）。
- 憂鬱症，包括躁鬱症。
- 兒童行為障礙，例如對立反抗症、注意力不足過動症、衝動行為。
- 藥物酒精成癮和飲食失調；衝動控制障礙，例如賭博、縱火癖、偷竊癖。
- 人格障礙，例如妄想症、邊緣型人格、表演型人格、自戀型人格，以及所有跟強烈憤怒有關的人格障礙。

內心的怨恨消耗了你的生命能量，長久下來可能導致憂鬱。畢竟把憤懣積在心裡也得花力氣，這麼做等於是把生命能量投注在負面想法上。唯有放手，你才能重新找回生命的熱情和動力。

舉例而言，參加過原諒和情緒控制一日工作坊，並接受為期六個月的原諒訓練的銷售員，業績是沒有接受訓練的同事的兩倍半。[19]

幾年前，我的朋友阿芭．蓋爾（Aba Gayle）的女兒和未來的女婿雙雙遭人殺害。凶手落網之後被判刑入獄。好友痛苦了好多年，有天她說：「我實在沒辦法再這樣恨下去了！」她需要知道凶手為什麼這麼做。於是她去監獄見他，聽完他的故事之後，她明白自己非原諒不可。過了一段時間，她甚至跟那個人成為朋友；他的人性打動了她。[20]

夫妻之間的原諒

原諒能增進關係，因為當你的情感更有餘裕，就能夠傳達更深層的愛。在親密關係中，你跟伴侶的互動會更加融洽，寬容的想法更容易浮現，幫助你釋放心中的負面情緒。每當出現負面情緒，你會更懂得同理對方，而不是固執地豎起防備。

我的好友琪瑪跟她丈夫麥克結婚三十五年依舊恩愛如昔，我一直很好奇他們的和諧祕訣何在。每次我跟他們夫妻聊天，他們都會說：「我們的感情又比過去更好！」她寫了封信跟我分享夫妻相處之道：[21]

兩個人相處那麼多年，每當有什麼事情卡住，我們會花很多時間討論我們都覺得受傷的事，從每個角度檢視我們的關係，把心裡過不去的事全都拿出來談，然後放下。其實都不是什麼嚴重的事，但日積月累下來卻很消耗。學習原諒為我們的婚姻打造了堅如磐石的基礎。

所以我想說的是，處理夫妻的問題，雙方藏在心裡沒說的話，日後可能會變成兩人關係的毒刺，尤其如果那件事對其中一方來說很愚蠢或難為情的話。那些事遲早會再冒出來，破壞兩人的關係。

這樣的互動需要投注不少心力，若沒有引導和協助，夫妻很難獨自完成。麥克自己就是心理治療師。他們夫妻倆都知道這種「心理大掃除」的重要性。我會建議一般夫妻先找個諮商師，藉由專業的輔助達到這種深度溝通。

重建親子關係

離婚之後，保羅一直忿忿不平。每當看到三個小孩，他就會想起痛苦的離婚過程和他的財務問題，因此小孩也受到波及。他用不講理又缺乏關愛的方式對待孩子，孩子們當然也不想跟他相處，但保羅看不出來是自己把孩子愈推愈遠。

幸好後來他女朋友拉他去上原諒課程。他在課堂上終於看清楚自己要為小孩疏遠他負起最大的責任。一個月後，他在課程的心得報告上說，現在他終於能夠跟小孩重新建立良好的關係，不再一味地責備小孩和前妻。

面對婚姻和新關係

根據統計，一個人的第二和第三段婚姻不見得會比第一段婚姻更成功。就像電腦一樣，來自父母和失敗關係的舊程式仍然留在我們的意識作業系統中，持續干擾新的關係，直到這段關係同樣千瘡百孔，再也走不下去為止。問題接踵而至，最後作業系統在破碎的關係中徹底毀壞，或是個人的健康亮起紅燈。

每一段新關係或新追求，都值得你花費心力偵測可能破壞它的污染源，然後將之清除。原諒，就是你改變有害的家庭相處模式的契機。

安裝新作業系統之前，你必須先把舊的作業系統移除。「釋放力量的原諒步驟」要做的就是這件事。如果你想要安裝更好的內在系統，獲得更多潛能和幸福，務必盡可能移除過去的怨恨不滿。把「釋放力量的原諒步驟」視為一套防毒軟體，用它來移除破壞人生幸福的有害事件。

用原諒治癒病痛

發表在《精神醫學期刊》（*Journal of General Psychiatry*）中的研究指出，敵對的夫妻關係會使傷口癒合速度變慢，血液中的發炎蛋白增加。同一份資料也證明，「敵對或互相耗損的關係，影響生理機能和健康。」[22]這種「不友好」的蛋白濃度若是長期過高，就可能引發心血管疾病、關節炎、某些癌症和其他疾病。[23]

這個世界有所謂的「原諒的生理學」。無法原諒他人的過錯會有害健康。

——赫伯．班森醫師（Herbert Benson），知名作家及研究員

茱莉亞來參加一週一次、為期兩個月的原諒課程。雖然生活狀況逐漸好轉，但她還是難以放下兒時受過的傷。課程到了第四週，小組給她一整晚的時間處理她跟爸媽（已經過世十年）的心結，她覺得效果還不錯。又過了兩三週，她說自己痛了好多年的膝蓋竟然好了。她說她終於原諒父親的那一晚，膝蓋的問題就不藥而癒。

漢克因為發燒和喉嚨痛而痛苦難熬時，他決定檢視自己心裡是不是有什麼過不去的事情，導致他這麼不舒服。想了幾分鐘之後，他說：「我記得工作上有個副手竟要求薪水要跟我一樣，即使他的資歷和能力都還不夠格。我對他滿生氣的。」漢克運用工作坊傳授的步驟來進行原諒。

過後他表示：「當我理解那個人只是忠於自己，而且的確需要加薪時，我就釋懷了。你知道嗎，那一刻我的喉嚨突然就不痛了，燒也漸漸退了。不到三個小時我就康復了。實在很神奇。」這樣的結果雖然不尋常，但學會原諒確實有益健康。

克里斯．盧卡斯的神奇體驗

原諒的行動甚至可以加速療癒創傷對身心造成的嚴重打擊，而且效果往往教人覺得不可思議。我的老友克里斯．盧卡斯（Chris Loukas）是個很注重靈性的人，他親身體驗了原諒的神奇力量。幾年前的某個晚上，一名酒醉駕駛撞上克里斯的貨車，導致他在醫院昏迷了六個星期，全身上下多處骨折。醒來之後，醫生宣告他再也無法走路。

很多人替他祈禱，再加上他原諒了撞他的那個人，後來他竟然又能夠走路了。

康復之後，克里斯不但跟肇事的年輕人結為好友，也待他像自己的兒子，幫助他戒掉酒癮和找到工作。克里斯的心中毫無怨恨。原諒不只幫助他恢復健康，也讓他獲得平靜的心靈。[24]

有些上過工作坊的學員對原諒的好處深信不疑，每當身體感覺不對勁，他們就會在心中盤點自己對什麼人或事耿耿於懷、難以原諒，這麼做往往症狀便會很快消失，有時幾個小時之內就有感覺。

當你覺得身體不舒服的時候，可以試試自問：[25]

一、不舒服是什麼時候開始的？

二、當時我的生活中發生了什麼事？

三、我需要原諒誰或什麼事嗎？

放不下負面情緒的後果

有時候人們認為不要原諒對人有好處。我們不妨來分析一下這樣的主張。首先看看記恨要付出的代價。一般來說，一個人做或不做一件事都有很好的理由。即使我們做出的決定看似不符合我們的最佳利益，但仔細檢視會發現，人都會相信自己做的決定是當時能做的最好決定。然而，事實上我們往往是受到原始大腦機制和壓力的影響才做出那樣的決定。問問你自己：

• 記恨能讓我得到什麼？寫下你想得到的好處。誰受益？如何受益？
• 證明自己是對的比快樂更重要嗎？

你可能沒有察覺心中的怨恨對你造成多大的影響。

底下是你要問自己的問題：

一、我從怨恨中究竟得到了什麼？把好處和壞處都寫下來。
二、我一直抱持這樣的情緒，對身邊親近的人造成什麼影響？
三、在我的生命中，愛、平靜和喜悅的力量有多強大？
四、原諒能使我自己和周圍的人更幸福快樂嗎？

底下是給受害者的問題：

一、我是不是一直把自己視為是受害者？
二、我抱持這種受害的感覺有多久了？
三、我能忍受多久由別人掌控我的幸福快樂？
四、問題會發生，我是不是也有責任，不單純只是受害？

探索更深層的靈性

以上的研究和例子說明的是原諒對心理、情緒和身體的好處。比這些更重要的是，原諒對心靈的益處。

從靈性層面來看，清澈寬容的心能夠感受到生命中的神聖力量。放下心中的仇恨，內心平靜，思緒澄明，生命才會完整。從而喜悅自然到來，愛煥然一新，真正的自尊也得以重新建立。我們跟生命的本質相連，體驗到真實的自我。

寬容處世、放下怨憎嗔的人告訴我們也向我們證明了，愛是存在的自然狀態。有些人在原諒之後有了更深刻的宗教體驗。他們說自己因此對生命、愛和上帝有更深的理解。路易士．史密德在《寬恕始能忘記》一書中建議：

> 一旦你原諒了曾經不當傷害你的人，就等於造就了一個無與倫比的奇蹟。一切都不一樣了。原諒有它自己的感受、色彩和巔峰，不同於各種人際關係中的其他創造之舉。[26]

原諒能有效改變我們的生活，因為我們的心重新跟「存在的至高準則」——上帝、崇高的力量、阿拉、偉大的心靈等等——校正對齊。我們得以超越習慣性的思考方式，不再堅持事情非得如此不可。撫平自我中心的想法，重新跟至高的力量連結，喚起了我們內心更強大的療癒力。

一件事特別令人反感或持續很長一段時間，不表示要放掉它一定比較困難或耗時耗力。心理治療常擺脫不掉這種錯誤的認知。「釋放力量的原諒步驟」使用的是截然不同的方法。標準的心理治療是從受害者的觀點和心態來處理問題。原諒諮商卻非如此，諮商師和當事人在處理內心的怨憎嗔時，要訴諸的是「發揮人類最大潛能」（Highest Potential）的思維。

你無法在製造問題的同一種思維層次上解決問題。

——愛因斯坦

「發揮人類最大潛能」的觀點，能把我們的所思所想拉回與生俱來的最大能力。放不下內心的怨恨、憤怒、不滿和報復的念頭，或是對受過的傷耿耿於懷，全都是缺乏愛、跟內在最大潛能斷了連結的表現。只要願意跟自己的最大潛能或最大力量重新連結，我們就是在召喚自身和宇宙的資源來幫助我們。

召喚神聖助力，祈求內心的幫助

很多人都有宗教信仰或精神上的寄託，卻很少人知道如何祈求這些力量幫助他們寬恕。我們確實能從內心深處得到這樣的幫助，它可以帶給我們看待負面事件的不同觀點，卸下我們心中的重擔，只要我們願意敞開心房。我稱之為「神聖助力」（Divine Help），因為這樣的力量擁有比我們更高的智慧，也更真誠坦率。這種力量超越了無法寬恕的渺小自我，善用它能夠達到事半功倍之效。只要跟宇宙間的至高準則站在一起，你便獲得了強大的力量，可以敞開心靈，接受各種可能性和不同於自己的觀點。

與神聖的助力連結：練習原諒時，請放鬆下來，冥想內在的最大力量。現在就花點時間，透過禱告，尋求內在的神聖助力，幫助你原諒。

一句特別有用的禱告是：請幫助我用不同的觀點看待這件事。

練習原諒時，只要卡住就先停下來，靜一靜，真誠地尋求幫助。相信神聖的愛具有的力量。若是你已經盡你所能，就放下掙扎，專心傾聽。雖然我無法告訴你神聖助力會如何顯現或如何發生，但我知道它就在那裡，隨時會對你伸出援手。

寫下你的內心對話，寫下現在你對特定事件或人的感想，這是原諒最有效的工具。我稱之為「內心對話的過程」。這種方法可以幫助你深入理解怨憎嗔，獲得不同的觀點。觀點轉變對放下和原諒的過程十分關鍵。

首先，跟自己對話，寫下你的憤恨不平，直到腦中自然而然浮現下一個問題。舉例來說，假如你對丈夫不滿，那就寫下你有多不滿，直到某個問題出現。這個問題或許是：他怎麼能做出那種事？接著寫下你的答案，直到下一個問題浮現，例如：他母親也是這樣對待他嗎？一個問題接著一個問題，直到理解或同情油然而生。

這是一個很有用的方法。問題與答案永遠令人意想不到。每次我祈求指引和幫助，神聖助力便會翩然而至。情緒上來時，坦然接受，然後繼續寫，或是問另一個問題，例如：在這個情緒後面，你的需求是什麼？

原諒念珠禱告，最簡單的原諒方法

原本我對蘿西的原諒念珠和禱告方式還半信半疑。蘿西・羅德里奎茲（Rosie Rodriguez）是個善解人意、充滿靈性的女人。我在加州聖塔羅莎認識她的時候，她已經開班授課教人製作「善心念珠」超過一年，而且成效極佳。一條串珠總共有四百九十顆珠子，就像天主教徒的念珠，有些人也會直接拿天主教念珠來代替。這個數字來自欽定版聖經《馬太福音》第十八章第二十一到二十二節：

那時，彼得進前來，對耶穌說：「主啊，我弟兄得罪我，我當饒恕他幾次呢？到七次可以嗎？」耶穌說：「我對你說，不是到七次，乃是到七十個七次。」

我運用了十數年的各種原諒方法，都沒有像念珠禱告這麼簡單。第一次使用念珠時，我面對的問題是困擾我許久的一個難解心結。禱告時我只說「我原諒」，然後對每一顆念珠投入虔誠的意念。每十顆念珠就穿插一顆感激念珠，這時我會說出那件事讓我感激的地方。整個過程結束之後，心結不見了，而且是永遠消失。

原諒自己是一項很困難的內在功課。幾個月後，我決定處理一個我覺得愧疚的內心糾葛。我再度使用了蘿西的方法。同樣的，我把大問題拆解成小問題。面對這些我對自己的小小不滿，我以強大的意念一再祈求「我原諒」，每重複十到二十次，就穿插一個感恩的想法。每個小問題只花短短五到七分鐘，我就感覺到從痛苦中解脫。整個過程前後持續四十五分鐘，直到所有問題都一一解決。我覺得身心舒暢，內心的負面感受煙消雲散。

無論你內心的怨憎嗔是大是小，這個方法都很有效。

人類的希望

當我們的內心處於平靜、不覺得受到威脅的狀態時，崇高的自我才會顯現。這時候我們腦袋裡的神經網絡會變得和諧一致，理解自己的生命，賦予行動意義。而原諒的練習能夠讓這種心理狀態保持穩定，我們才能發揮自己的潛能，實現最遠大的夢想。

原諒是人類的希望，因為它放大並凸顯了人類心智和心靈的最高功能，幫助我們放下不合理的期待、恐懼和責難，進而擺脫難以改變的原始大腦反應，讓大腦得以發揮最佳功能。此外，跟神聖力量連結，同樣有助我們發揮自己的最大潛能。

原諒並非人類大腦的最高功能。然而，它卻是你用來平息情緒風暴和原始的刺激反應機制最強大的工具。透過原諒，仁慈、愛好和平、解決問題這些高階的功能才得以順利運轉，我們才能敞開心房接納內在的創造力量——那是所有人類都想達到的美好境界。

跨越第二道關卡：

相信原諒的力量，你就跨越了阻礙原諒的第二道關卡。現在你已經知道原諒對生命的好處，而無法原諒又會對生命造成何種危害。或許你無法因此就放下心中的怨恨，但對很多人來說，這樣的認知就有助於肯定原諒的想法。而到了這個階段，你應該已經找到原諒自己或他人的好理由，甚至開始可以原諒生命中的某些人。

第四章　阻礙原諒的迷思

原諒是為了你好，不是對方。原諒或許對他們有好處，或許沒有。但唯一可以確定的是，它對你一定有幫助。

原諒的迷思

除了大腦的壓力反應，人們不願意放下各種怨憎嗔的一個原因，是對原諒有所誤解。我稱之為「原諒的迷思」。遺憾的是，這些迷思會阻礙我們放下心中的仇恨，即使我們明知道它們並非事實。以下是最常見的幾個迷思。

迷思一：那個人已經過世或不在我的生活圈，所以沒必要原諒。

你可能以為「眼不見為淨」。然而，如果你對於那個人依然抱持著負面情緒和想法，就表示你心裡的傷還沒癒合。心懷怨恨多少都會影響你的生活和人際關係，無論這樣的怨恨是大是小。原諒或許是對逝去者的寬容，但這麼做主要是為了避免你繼續用恨意和憤怒折磨自己。我經常見證學生和個案在原諒了過世多年的父母之後，自己的生命也隨之改觀。我帶領的原諒小組裡有名四十幾歲的女士，她在原諒了父親對她童年造成的傷害之後，多年的腳痛竟不藥而癒。

迷思二：我根本不需要原諒，因為我再也不想看到對方！

原諒不等於和解。和解是指撕破臉的雙方言歸於好，卻不是原諒必然的結果。一個人可能原諒了加害者，同時選擇從此不再見到對方，以免受到更多傷害。

若是想要加速和解，必須要能原諒對方造成的傷害。針對經歷過出軌外遇的夫妻所做的大量研究，證明了原諒彼此的正面療效。[1]

知名牧師及作家華里克（Rick Warren）曾在二〇〇九年歐巴馬總統的就職典禮上帶領眾人祈禱。他告訴我們，聖經教導我們重拾破碎的關係有三個要件：悔改，修復，重建信任。「事實上，」他特別強調，「信任每隔一段時間都得重建。你必須重新贏得信任。」[2]

迷思三：原諒就是縱容或姑息做錯事的人。

原諒並不是縱容錯誤的行為或默許惡行。弗瑞德．魯斯金在他的傑作《為愛原諒：關係健康長久的祕訣》（*Forgive for Love: The Missing Ingredient for a Healthy and Lasting Relationship*）中指出，縱容是認為錯誤的行為不算什麼，因此不需要原諒。

可是當我們受了傷並為此傷心難過時，原諒總是必要的。[3]吸毒者的家人或許會原諒他的行為，但不會因此縱容他繼續吸毒，而是盡一切力量幫助他戒毒。

小孩弄壞東西並得到原諒，並不表示爸媽縱容他的行為。事實上，他可能會得到符合其年齡的懲罰，只不過是帶有愛和理解的懲罰，這樣孩子才能學到教訓。用憤怒施加的懲罰只會灌輸孩子恐懼，助長他們內心的怨恨。研究顯示，不帶憤怒的處罰反而成效更佳。

在學校擔任心理輔導老師的期間，我常看到父母因為擔心傷了孩子的心，甚至失去他們的愛和認同，所以就放棄原則，不處罰犯錯的孩子，孩子也就無法從錯誤中學到教訓。在理想的狀況下，孩子應該知道一旦打破規則，就必須接受事先定下的處罰。

這個迷思的另一面是，常有人誤以為，「要是順了對方的意，大家就會覺得我很軟弱。」

若是你有這樣的想法，何不想想：一直憤恨難消，還得承受負面情緒對身體的傷害，真的划得來嗎？記得，原諒是為了你好，不是對方。原諒或許對他們有好處，或許沒有。但唯一可以確定的是，它對你一定有幫助。

迷思四：我試過了，但就是辦不到！

你或許有千百個無法原諒的理由，但這不表示你不能放下心中的怨憎嗔。從本書的練習中，你會學到更多有效的原諒方法。有時候原諒之後也會後悔，這樣的情況並不少見。通常我們需要更深入檢視事件，把雙方的觀點都考慮進去。

迷思五：我太生氣（或太受傷）了，原諒談何容易？

在原諒的過程中，你必須對自己的感受有所覺察。因憤怒引起的暴力衝突，尤其能夠看出強烈的情緒對我們造成的影響。每當怒火和敵意在心中升起時，我們全身上下都會不由自主地繃緊。接著，壓力便會啟動原始大腦的反應。

任由憤怒和怨恨占據你的腦袋和心靈，百害而無一利。這麼做只是暫時釋放了情緒，卻沒有解決問題。明確果斷不等於衝動行事。你可以學會立下界線，同時不被憤怒這種負面情緒挾持。

當你能夠不帶憤怒的立下界線，那是因為你的心得到力量和平靜，不再陷入憤怒和怨恨而不可自拔。原諒需要時間。你必須先平靜下來，才能有效達成目標。冥想、打太極、祈禱、靜思、親近大自然、按摩、瑜伽、運動、跟朋友聊天，都是重拾平靜的好方法。甚至，為對方祈禱也頗有成效。

覺察隱藏在表面下的情緒

覺察主要情緒之外的情緒，也能幫助你處理心中的創傷。憤怒是人們面對事情時很常表現出來的情緒。我曾經帶過加害者團體，他們最明顯的情緒都是憤怒。然而我們發現，對這些人來說，憤怒只是最容易表現出來的情緒。

邁克跟著我們處理她對女友蘇珊的怒氣時，察覺到了自己的情緒模式。他知道自己是藉由憤怒來控制對方。表現憤怒是哺乳類動物很重要的行為，因為這麼做能夠建立權威。人類也不例外。

有一天，邁克因為一件小事又對蘇珊大發雷霆。事後他承認，「其實根本沒什麼事」，但是當下他脾氣失控還打破東西。他認為是她的錯，在我們的怒氣控制小組上還不斷數落她的不是。

小組裡有個名叫尼克的組員，他記得兩週前邁克的好友剛過世。尼克很清楚，很多男人面對情緒風暴的第一個反應都是憤怒。他也知道，憤怒底下還有更深沉的情緒。他問邁克，他生氣會不會不是因為女友犯錯，而是失去了好兄弟。恍然大悟的那一刻，邁克紅了眼眶，對女友的不滿也煙消雲散。後來他甚至領悟地說，比起處理自己對蘇珊的憤怒，失去好友的悲痛更難以面對。

這種情況在怒氣控制小組裡很常見。因此，我習慣稱憤怒是這些人的「假情緒」。憤怒對他們來說是很容易展現的情緒，卻覆蓋了更深也更不舒服的情緒。

進行原諒工作時，你常會發現憤怒底下還有其他情緒。當你處理這些情緒時，例如恐懼或悲傷，改變就會發生。同理，當憤怒不是一種可被接受的情緒時（多半是女性會碰到的狀況），覺察隱藏在其他情緒底下的憤怒，或許會有助於化解內心的創傷。

讀者可以利用附錄的情緒表，找出當你陷入低潮時可能未察覺到的情緒。

迷思六：他們憑什麼！

你可能會認為，有些人就是不值得被原諒。或許沒錯。然而，練習原諒是為了你自己，為了讓你和你的人際關係受益。我曾經看過慈悲為懷的人原諒不值得原諒的人，因為他們覺得對方需要有人願意給他們愛。研究原諒的知名學者及作家艾佛瑞特・沃辛頓博士（Everett Worthington），在他的原諒步驟中納入了給予「原諒之禮」這個行動。

在艾沙・阿巴比歐・克羅帝（Aeeshah Ababio-Clottey）告訴我的一個真實故事中，我們可以看到這份禮物的神奇效力。艾沙是《超越恐懼：種族療癒的十二把心靈之鑰》（*Beyond Fear: Twelve Spiritual Keys to Racial Healing*）的作者之一；故事發生在艾沙的先生及共同作者柯克曼（Kokoman）的家鄉——迦納。

有個調皮搗蛋的小男生在學校會欺負其他孩子，大家都不喜歡他。校長決定在集會時當著全校的面在台上處罰他，好讓其他小孩覺得校方主持了正義。柯克曼的妹妹是那所學校的老師，她教導所有學生寬恕的重要。當那個調皮的小孩和校長站在台上時，她班上的學生開始齊聲喊著：「原諒他！」很快的，全校都一起喊：「原諒他！」於是校長便改變心意，讓那個男孩下台。[4]

故事並未結束。孩子們對那名小惡霸的仁慈舉動改變了他。後來他的行為收斂不少，成了一個好學生。一個寬容的舉動翻轉了整個事件。幾年後，克羅帝夫婦從當年那個男孩口中聽到這個故事，而當時他已經在迦納的態度治療中心任職。

態度決定一切，也決定你如何體驗生命的每個面向。你無法永遠控制發生在你身上的事，但一天有無數次，你能用自己的心態決定如何做出反應。

——傑瑞・詹波斯基醫師（Jerry Jampolsky）及戴安・賽琳席翁博士（Diane Cirincione）

迷思七：我只想忘了它。

「我們並不要求原諒的人要遺忘。相反的，記住教訓很重要，這樣類似的暴行才不會重演。原諒不表示縱容已經發生的事，而是要認真看待那些事，不是故意將它淡化；我們要拔出記憶中那根危及我們整體存在的刺。」戴斯蒙・屠圖大主教這麼說道。[5]

忘記受過的傷，不是原諒，而是否認。否認引發的負面效應會在意識底層偷偷搞破壞。別忘了，真正的原諒是，當那個人閃過你的腦海時，你不會再覺得受傷。[6]

「原諒就能遺忘」是個迷思。大腦從不遺忘，但原諒能使仇恨在腦中逐漸消逝，因為仇恨不再被啟動。因為如此，我們才能把心力重新聚焦在正面事物上。

迷思八：原諒之前，我需要一個道歉！

你可能等了一輩子也等不到對方跟你認錯。造成傷害的人或許對事情有不同的看法，根本不覺得有道歉的必要，甚至可能認為應該道歉的人是你。

若是你能藉由原諒放下怨懟，就能重新找回快樂和平靜的心，不必再在意另一個人的看法，也能從此擺脫受害者的角色。假如道歉是你強求來的，就算對方道歉也不一定出自真心。沒有道歉也能原諒，如此一來可以為你自己省下時間、精力和煩惱。

迷思九：要原諒的事罄竹難書！

有時候一個人做盡了壞事，令人難以原諒。這個時候就可以運用第二章提出的方法：把問題拆解。列出你想得到的對方做錯的事，一次原諒一件事。

安娜說她「傷痕累累」地逃出婚姻。「我不可能原諒這些年來我丈夫對我的傷害。」她對丈夫的憤怒持續了六年。這段期間只要有男人的眼神或言語惹到她，她就非得把對方痛罵一頓不可。周圍的人當然也就都避著她。

少數還留在她身邊的朋友告訴她，她一定得原諒對方，才能重新好好生活。於是她來上我的課。「要如何原諒那麼多年的傷害？」她問。我要她做的第一件事，就是寫下她記憶中丈夫對她造成的每個傷害，然後從小傷害開始原諒。她討厭自己變成一個渾身是刺的人，所以決定試試看。後來她找回了心靈的平靜，而且這個原諒過程所花的時間遠比她想像得少。

假如你難以原諒，請看看是否因為問題或情況太複雜了。你可以花點時間把問題拆解到最小單位，然後一一原諒裡頭的每個人。

此外，想想有沒有哪個人或哪群人能代表你痛恨的那個組織？我稱之為「找到代表人物」。

底下有更多問題能幫助你釐清事件本身：

一、腦中浮現該事件時，你想到的是哪些人？

二、他們做了什麼事使你憤恨難平？

三、你還記得他們的長相嗎？他們具體做了什麼事？

四、和「他們」很像的其他人，也會做出一樣的事嗎？

五、根據你的經驗，「他們」所有人都一樣嗎？

迷思十：我沒辦法原諒，因為對方還是一錯再錯！

如果一個人仍然繼續傷害你，無論是有意或無心，還是因為習慣，或是不懂事，原諒都會對你有所幫助，儘管這麼做確實很難。原諒可以抹除傷害對你造成的影響，無論那是十五分鐘前才發生的事，或是從現在起持續十五分鐘的事。

遭受身體或情緒暴力則是很不一樣的狀況。若是你遭到身體暴力，一定要先保護自己。倘若你別無選擇（有時確實如此，這種狀況太常見了），原諒也會對你有幫助。

鼓舞人心的作者伯尼．席格爾博士（Bernie Siegel）在《生活處方》（*Prescription for Living*）中說道：「原諒是健康幸福人生的核心。原諒能保護關係，也保護願意原諒的人。」

席格爾博士也在著作中提到，羅伯．科爾斯醫生（Robert Coles）曾在《危機中的兒童：勇氣的研究》（*Children of Crisis: A Study of Courage*）一書中說過一個故事。故事的主角是露比．布里奇斯（Ruby Bridges），第一個跟白人一起進入南方小學就讀的非裔美國人。

一九六〇年的時候，聯邦法警每天都要護送露比．布里奇斯穿過重重對她吐口水和辱罵的成年人。但這名五歲的小女孩似乎沒有因為這樣的折磨而心靈受創，科爾斯醫師對這個神奇的現象感到不解。後來他發現，露比每天都會祈求上帝原諒那些大人。[7]

放下痛苦，即使它仍然繼續發生，這麼做也是原諒自己。如果你無法擺脫負面情緒，就會一直陷在「惡有惡報」的迴圈裡，這麼一來你也會劃地自限，很難得到新的啟發。想要改變現況，你必須先擺脫加害者和創傷對你造成的桎梏，停止這種破壞力強大的循環。而這可能需要專業的協助。

在一個青少年原諒團體裡，我跟克莉絲蒂談了一會兒，得知她以前的好朋友到處散播有關她的惡意謠言。受到這種不公平的對待令她沮喪不已，生活也變得愁雲慘霧。她無法放下內心所受的傷。然而，當我們展開原諒練習時，她對毀謗她的人的態度開始轉變，甚至連肢體語言都產生了變化。後來她在學校表現出的非語言訊息不再像之前那樣充滿敵意，也不再一心覺得自己是受害者。這樣的轉變不但讓她心裡比較好過，毀謗她的人也感受到她態度軟化，因此不再攻擊她。最後，克莉絲蒂原諒了這位昔日的好友。額外的收穫是，她跟男朋友的關係也跟著好轉。

處理過去的痛苦，才能減輕現在的憤怒

迷思十一：要是我原諒對方，對方只會再度傷害我！

恐懼使大腦原始的壓力反應系統持續運轉。「愛就是放下恐懼」[8]這句話說得沒錯，因為愛與恐懼兩者無法同時發生。當我們的原始生存機制被恐懼啟動時，大腦的「高等」功能就會退居次位，我們滿腦子只想要保住性命。這種自我保護機制雖然重要，卻可能變成原諒的強大阻礙，尤其如果我們害怕再度受傷的時候。

原諒並不代表任人欺負，允許暴力或惡行再度發生。耶穌說「轉過左臉讓人打」，原意是要人展現信仰的力量，更廣泛的意義包括但不限於原諒。你有可能完全原諒某個人，但仍然希望他達到你要求的標準。同樣的，你可能原諒某個生意伙伴所做的錯事，但警告他同樣的事情若再發生，雙方的合作關係就到此為止。

擔心原諒會讓自己再度受傷，這樣的恐懼很實際。但是如果恐懼主宰了你的生活，你就只會停留在基本的生存階段，所以化解恐懼是必要的。你或許需要專業人士的協助。冥想、祈禱和信仰也都有幫助。走訪大自然、聆聽你最愛的音樂也是。本書中有很多方法都能助你一臂之力。用你做得到的方法，解放充滿恐懼的原始大

腦。

撫平心裡的恐懼之後，就要開始練習原諒，即使只有片刻也無妨。記住，你可以原諒同時設下界線，避免自己受傷。

在暴力關係中練習原諒時，受害者對施暴者的愛可能重新浮現，當事人甚至會覺得獲得療癒而回到施暴者身邊。然而，原諒施暴者難免會引發恐懼和不安，擔心對方會故態復萌。

警告：暴力之所以持續發生，是因為施暴者沒有從內在檢視自己的憤怒。施暴者無論是男性或女性，都沒有認清自己的憤怒並不是受害者造成的，所以對方不應該被如此對待。施暴者往往脾氣易怒，動不動就失控，他們應該學會的是，面對壓力時如何保持平靜。除非這樣的人能學會這些技巧，否則一旦他們再度承受壓力，待在他們身邊就會有危險。如果你想跟施暴者在一起，要先確認他們參加了長期的情緒控制課程，而不只是一週一次、為期十週的短期課程。

整體來說，我認為澆熄怒火最有效方法之一，就是原諒。受傷的感覺通常會引發憤怒。對一個有暴力傾向的人來說，曾經受過的傷比眼前的問題更加深刻強烈。必須先處理過去的痛苦，才能夠減輕現在的憤怒。傷口要能癒合，就必須深入內心找出原因。有暴力傾向的人若是不願意處理自己的憤怒，就可能再度施暴。

原諒不是讓傷害過你的人回到你身邊繼續傷害你。一個女人可能原諒打她的人，同時向法院聲請保護令以確保自己和小孩的安全。施暴者無論情緒多麼低落，都應該學會自我克制。為傷害的行為設限，能幫助施暴者脫離大腦的壓力反應。有長期暴力傾向的人應該持續建立內在紀律，練習超越大腦的壓力反應。

一段關係若是走到肢體或情緒暴力，就表示大有問題，雙方都必須向外求助。為暴力行為立下界線刻不容緩。處理家庭暴力問題至少需要專攻該領域的心理治療師協助，這不是一個人能獨自完成的工作。創傷、家暴和情緒控制團體之所以有效，除了能讓人從中學到實用的方法，施暴者也能在團體中找到更健康的方式與伴侶和其他人互動。

迷思十二：上帝會懲罰那些人，用不著我費心。

這是錯誤的觀念。等待對方遭受天譴的同時，你仍舊懷恨在心。這樣的想法無法擺脫你內心的負面情緒。

你可能會猜想上帝會如何審判對方，卻不可能確知上帝的看法，因為我們都沒有上帝的全知視角。我們看不到對方的過去，甚至連促使對方這麼做的當下狀況都一知半解。我們無從得知牽動對方生活的各種力量，就算是讓我們在生活中做出某個決定的力量，我們也不一定清楚明瞭。因此，我們只能做自己能做的事，把上帝的事交給上帝。原諒，就是操之在己的一件事。

你當然可以尋求上帝的幫助，為對方祈禱，或針對困擾你的事進行冥想，洞察真相。透過永遠隨手可得的內在力量，你能做到很多事。本書也提供很多方法，幫助你取得及善用你需要的幫助。

原諒迷思總整理

總而言之，關於原諒的許多觀念並不正確，當我們想要原諒他人時，這些錯誤的觀念反而會形成阻礙。藉由重新思考原諒是什麼或不是什麼，這些迷思也就無所遁形。

原諒不是：

- 縱容錯誤行為，合理化惡行，或轉過左臉讓人打。
- 跟傷害你的人和解。
- 一定要有人道歉。

- 對方一定要還活著，或跟你還有聯繫接觸。
- 對方一定要值得你的原諒。
- 為了盡快擺脫一件事的簡便方法。
- 遺忘或不負起責任。
- 只能依靠對上帝的信念。

偵測你的原諒迷思，完成以下練習將有助於原諒：

- 回想你無法原諒一個人的經驗。
- 檢視是否有任何原諒的迷思阻礙了你，把那個迷思寫下來。
- 擺脫迷思是否能讓你從不同的角度解讀那件事？
- 現在你可以原諒對方了嗎？

上帝是原諒的絆腳石？

對於更高力量的認知，是影響我們能不能原諒的重要因素。有些人從小到大都把上帝視為審判者和懲罰者，從而認定自己也有譴責他人和懲罰他人的正當理由。此外，他們也經常會審判自己，或者為自己的痛苦、沮喪，以及缺乏愛、平靜和寬恕尋找藉口。

我之所以提到這一點，是因為抱持這種認知長大的人可能很難原諒他人或自己，除非他們改變認知，把上帝視為愛和寬容的存在。如果你的自我價值感低落，那麼原諒自己對你來說就是一件很重要的功課。你必須要先學會同情自己、理解自己。

原諒自己

「愛鄰如己」這句話其實有個問題。如果你不愛自己，多半也沒有愛可以分給鄰人。要追隨這個真理，充分展現其中的真義，首先你必須重新找回自尊、愛和價值感。而「得到自我原諒」能夠幫你達成這個目標。如同作家保羅．科爾賀所說：

> 留意每一刻，因為機會——那個「神奇片刻」——就在我們觸手可及之處，但我們卻因為罪惡感而任由它流逝。[9]

我用「得到自我原諒」這個說法，因為自我原諒無法每次都靠自己達成。你必須評估自己的感受，有時也得彌補自己的過錯，如同下文會提到的「十二步驟」行動。或者你必須求助更高的力量，把你的心從自我折磨中拯救出來。

自我折磨通常是因為沒搞清楚狀況，可能是原始大腦的反應主宰了你的判斷所造成的結果。在這種情況下，有助於自我原諒的舉動，也會是學習控制這類反應的有效方法。

賽門希望死去的父親能原諒他多年來對待他的方式，因此他每天都為父親進行猶太教儀式。兩個月後他感受到顯著的改變。但他沒有因此中斷儀式，一來因為儀式持續幫助他深化與生命、愛和上帝的關係；二來它也有助他的內心更平靜，對各種事不再急躁妄動。

母親臨終前幾個月，露絲經常對她發脾氣，她因此無法原諒自己。即使熟悉原諒的步驟，她還是無法從中尋到解脫。我的建議對她毫無幫助。後來她選擇定期到一處美麗的教堂禱告。露絲不是天主教徒，但她母親是。某次參加禮拜後她對我說：「我感覺到內在的變化，也感受到母親的愛和寬恕。」

有時候我們必須從自己傷害過的人那裡得到寬恕，才會感到心安與坦然。這種情況通常至少需要做出道歉的行動。貝芙莉．英格爾（Beverly Engel）在《道歉的力量》（*The Power of Apology*）一書中提供一個三步驟的好方法，教人如何給予有意義的道歉；她在書裡也提出許多實行這些步驟的有用建議。[10]

一、說出你對造成這一切感到後悔。

二、承擔應負的責任。

三、提供修補傷害的方式，或許是一句誓言或一個行動。

對某些人來說，要得到自我原諒或許必須深入理解家族歷史，找到客觀的評述和觀點。也有人重新找回自尊的方法是藉由捐獻，或是為他們認為重要的目標貢獻心力。不實際走一遍，你就不會知道哪種方式對你有用。有時候得到自我原諒最有效的行動，就是誠心誠意尋求內在精神力量的幫助。

唯有上帝能寬恕？

有些教派宣揚人類無法寬恕，因為人性本惡，所以能夠寬恕者唯有上帝。然而，三十年來的研究證明，無論有無信仰、生活方式為何，人們都時常在寬恕，這麼做對自己或對他人都助益良多。沒有宗教信仰的人跟信仰虔誠的人一樣能夠享受放下仇恨所帶來的種種好處。

我曾經跟無神論者和各種信仰的人合作過。藉由原諒，所有人都能感受到生命出現極大的轉變。原諒是心智和心靈往仁慈、同情和愛移動的過程，不只能帶來平靜，也會因此得到喜悅，無論有無宗教信仰。

誰都可以原諒或被原諒。無論是誰也都能幫助其他人原諒。我們已經掌握了方法和重點，接下來只需要起而行。

覺察情緒是放下怨憎嗔的鑰匙

在上述提到的第五個迷思中，我們談到隱藏在表面底下的情緒，以及對其他情緒缺乏覺察可能阻礙我們原諒他人。一直緊抓著過去的創傷，創傷便會持續影響我們的潛意識。你是否有過開車時突然發現脖子又痠又緊的經驗？一分鐘前好像都還沒事，但如果你仔細回想，其實已經不舒服一陣子了，只是那樣的痛楚沒有進入你的意識。一旦你意識到緊繃的感覺，你就會開始覺得痛，接著你才會採取行動減輕疼痛。

潛意識為了保護我們，會把創傷帶來的痛苦埋在意識底層。然而，過去的事件雖然離開了意識表層，卻還是能夠傷害我們。它們可能以生理症狀、易怒或暴躁的形式出現，而且突然間就會爆發，對我們的生活造成嚴重破壞。這些創傷和負面心態在我們與人互動時，持續以破壞力十足的方式影響我們。

把過去的創傷深埋心底，它們可能會反過來控制你，甚至纏著你不放。在這種情況下，你可能會覺得自己不像自己，說不定還會做出讓自己後悔的事。

覺察情緒是放下怨憎嗔的一把鑰匙。沒有意識到情緒的存在，你就無法處理情緒。僅僅是找到潛藏於你還耿耿於懷的某件事底下的情緒，例如悲傷、哀痛或受傷，都能大幅改變你對那件事的反應。

關於情緒的幾個重點：

- 原諒不只是理智的運作過程，過程中也會出現強烈的情緒。
- 情緒是原諒的入口。
- 情緒通常有很多層次，憤怒尤其可能是由恐懼和悲傷所引起。
- 逃避折磨人的情緒很正常，但無助於原諒。你無法放下隱藏的情緒。
- 願意去理解埋在表層底下的情緒，不再抗拒逃避，需要誠實和勇氣。

本書附錄可以幫助你覺察情緒，一是「需求未被滿足時可能出現的情緒」；一是「需求得到滿足時可能出現的情緒」。這是馬歇爾・盧森堡博士（Marshall Roseberg）在《非暴力溝通：愛的語言》（*Nonviolent Communication: A Language of Compassion*）這本傑作中提出來的觀點。他發現當人們說出此刻正影響著他們的情緒時，別人會更能夠理解他們。[11]

以下步驟能幫助你了解除了典型的憤怒、受傷或怨恨，你可能會有的情緒。只要理解更深層或更正確的情緒，你就能更加看清楚事情的全貌。

一、想想某個你正在努力化解的心結。

二、參考附錄的「需求未被滿足時可能出現的情緒」一覽表。留意你看到這些情緒時，內心出現什麼變化。

三、接下來請看「需求得到滿足時可能出現的情緒」。注意你如何光是想著這些情緒，心裡就覺得比較好過。隨時都能利用這個步驟改善心情。

跨越第三道關卡：

找出原諒的最大阻礙，以及覺察意識表層底下的情緒，你就跨越了原諒的第三道關卡。現在你知道處理棘手問題的最佳方式，也清除了過去的錯誤認知。我希望透過這樣的理解和覺察，你的內心多少得到了解脫。截至目前為止，我們的核心工作都是：讓你對內心的創傷或怨憎嗔有更好的覺察力，以及讓你願意放下。

原諒帶來的結果，會讓你的心智和心靈回歸它們的自然狀態。這樣的「自然狀態」不只是擺脫原始大腦對你的控制，同時是心靈的提升。由於大腦系統彼此合作無間，從而增進了靈性的體驗。下一章我們會深入探討其中意涵，以及人類大腦的潛能。

一個佛教小故事：有個人中了暗箭。他不先照料傷口，卻堅持一定要等射箭的人被捕並受到懲罰，他才肯把箭拔掉。但這段期間傷口潰爛化膿，毒素害他一命嗚呼。哪一個才是他真正的死因：射手的箭？還是受害者的執而不化？

——科林．貝格（Colin Berg），美國作家／教師

第二部

探索原諒的神奇力量

我們必須被愛的終極形式拯救，那就是原諒。

——Reinbold Niebuhr

第五章　理解大腦的運作方式

無法原諒自己或他人，就是對我們心靈最大的毒害。

複雜又迷人的大腦

人體聚集最多神經細胞的地方，就是我們的大腦。大腦外圍最靠近顱骨的是灰質，只有四分之一英吋厚（六、七毫米），裡頭卻有一千億個神經細胞體。神經細胞（或稱神經元）由細胞體及其觸手（神經突）組成，負責在細胞、肌肉和器官之間來回傳送訊息。每個細胞體能夠跟其他細胞有多達一萬個連結。在我們腦中占最大體積的是白質，細胞體的突觸就在這裡互相連結。

神經細胞互相連結的數量是天文數字（一千億乘以一萬）。假如你一天花十五個小時用手指敲桌子，每秒都不間斷，全年無休，甚至連去找醫生看手指的時間都省下來，那麼你也得花五十年才能敲到十億下。

你的所作所為所學所思所想，每分每秒都會在腦中建立新的神經連結，直到你離開人世。腦中的神經通路多不勝數，因此你才得以存取從出生到死亡的記憶、技能和各種活動。

我們可以把這些連結想像成在腦中傳輸想法、情緒和行動的公路系統。腦中的神經脈衝行進速度是每小時兩百英里（三百二十公里）。腦中的公路系統有十線道的大馬路，也有健行步道，各種不同路線描繪出你的人生經驗。

積習難改的原因

頻繁又重複的行動所建立的神經連結最多，類似高速公路或大城市的交通要道。相反的，較少出現的反應，動員的神經元也較少。

新的嘗試必須花點心力才能變成習慣。那就像沿著眾人踩出的步道穿過森林。每次想開出一條新路徑，一開始都比較困難，但一次會比一次容易些。起初你必須先移除擋在路上的樹枝和石頭，等你除去障礙並持續踏上這條路徑，過程就會愈來愈輕鬆。同樣的，學習也需要在大腦中建立起夠強大的神經通路，如此一來學習過程就會變更省力。

重複做一件事就能建立起神經元之間的超級高速公路，習慣就是這樣養成的。習慣能幫助你表現得更好、做事更有效率。舉例來說，開車就是一種習慣，不需要你特別花心思。建立習慣對做許多事都有利，但是當你想要有所改變時，又另當別論了。

要是你花了四十年的時間持續怨恨某個人，就會為這股怨恨建立起一條神經高速公路。每當你說起或想起哪個負面事件，你同時強化和擴充了大腦的負面思考通路，而那不但耗費精神，也可能危害健康，連心情都會連帶受到影響。

雖然你不一定喜歡自己的某些習慣，戒掉它們卻可能令人擔心害怕。鍥而不捨地嘗試往往能成功戒掉習慣，除非大腦的壓力反應又活躍起來。不幸的是，這個壓力反應經常處於活躍狀態。

人心難測的原因

為了處理和理解接收到的資訊，人會根據過去的連結和經驗來整理及分類輸入腦中的資料。此外，我們也會透過個人的速記符號存取資料，這種「密碼」是依據我們的經驗形成，只有我們自己知道。你之所以無法真正理解別人在想什麼，就是因為不知道他們腦中的密碼，而他們自己往往也不知道，因為這一切都是在意識底層進行。

由於每個人連結經驗的方式都不同，每當新的經驗要併入既有的經驗群時，就可能產生問題。最穩定可靠的神經通路會將新的經驗與舊的經驗連結，而當下最活躍的神經通路也會來助一臂之力。

新的經驗就這樣堆疊在舊的經驗上面。因此，每個人對新經驗的理解和詮釋都截然不同。

在幸福家庭長大的女孩可能把新男友跟充滿愛的家庭生活聯想在一起，並對彼此的關係感到安心。相反的，來自問題家庭的女性同樣會把男友跟她腦中的家庭神經通路連結在一起，而要是家庭從未給過她安全感，她或許會預期一段含有暴力的關係，就像過去父親或前男友對待她的方式，並因此無法信任現任的男友。這樣的關係註定會失敗，即使對方可能真的是個好人。

三腦理論

大腦各部位的相互連結奧妙無比。然而，研究神經生理學的保羅．麥克林醫師曾在一九六〇年提出人有三個腦各自獨立運作的理論，他稱之為「三腦」（Triune Brain）。[1]實際上，當代科學家證明這三個腦區彼此互通和重疊，無法切成三份來看。然而，新皮質、邊緣系統、爬蟲腦這三個腦，五十年來仍持續受到討論，著書立論者所在多有，三個名稱也沿用至今。[2]

開課和主持工作坊多年之後我發現，把大腦功能照著麥克林醫師的理論拆解成三個重點區，有助於學員理解大腦對生活造成的複雜影響。本章對這三個功能區的討論雖有過度簡化之嫌，卻能幫助我們對它們如何影響原諒有基本的理解。

新皮質

大多數人熟悉的大腦是新皮質（neocortex），也就是我們儲存資訊和記憶的主要倉庫。新皮質位於大腦的最外層，其中的前額葉皮質（prefrontal cortex）決定了人與動物的差異，甚至有人稱它為「第四腦」。大腦相關研究指出，「原諒」似乎就在這個區域發生。[3]兩邊的前額葉皮質負責控制原始大腦的反應。核磁共振造影發現，當一個人抑鬱消沉時，邊緣系統變得非常活躍，而左半邊的前額葉皮質的活躍程度則下降。[4]

新皮質／前額葉皮質負責：

- 產生想法，使我們能夠專心，以及使用符號發展讀、寫、說和算數的能力。[5]
- 幫助我們建立邏輯和系統，還有直覺跟想像力。[6]
- 推翻和壓抑原始大腦產生的不當反應。[7]

這些高階的功能不只是創新和創造力的媒介，祈禱和靈性體驗也是由這部分的大腦掌管。[8]

就算沒有原諒相關研究加以佐證，綜合以上所述，我們也能理解新皮質若多多發揮功能，就會帶來正面的效果。

這個新演化的腦區使我們得以：

- 為生活和這世界賦予意義。
- 分析不同的觀點和可能性，並從中做出選擇。
- 與原始大腦協作，使我們產生同理心和更好的判斷力。[9]

情緒腦（邊緣系統）

大腦的中間層、腦幹的上方是我們的情緒中樞，即邊緣系統（limbic system），裡頭是一連串彼此相連的結構。人腦演化出鳥類、哺乳類動物和一些爬蟲類動物都具有的邊緣系統之後，養育和付出關愛的能力變得更加成熟，因而得以：[10]

- 照顧和保護下一代及家庭成員。
- 發展出友誼、愛、情感、歡笑、玩樂的能力，以及控制攻擊行為。

邊緣系統為我們的生活和語言注入樂趣，甚至熱情。

路易斯（Thomas Lewis）、阿明尼（Fari Amini）和藍儂博士（Richard Lannon）在《愛在大腦深處》（*A General Theory of Love*）一書中告訴我們：「情緒是愛的信使。」他們還說，情緒可以傳達心的信號，而對很多人來說，深刻的感受等同於活著。[11]

聽起來不錯，不是嗎？但是當這份愛因為某個原因被抑制時，問題就來了。其他的強烈情緒，像是痛苦或憤怒，可以奪走大腦的主控權，引發不堪設想的反應和後果。

（邊緣系統由哪些大腦結構組成，神經科學家之間仍未有定論。本書的重點是原諒，所以我們關注的是大腦的恐懼機制，以及啟動恐懼反應的杏仁核。[12]）

邊緣系統使我們對生活中的大小事產生感受，並透過各式各樣的情緒來呈現，包括恐懼、悲傷、興奮、喜悅、熱情等等。這些感受幫助我們記住正面和負面的事件，因為記憶永遠帶有情緒的成分。[13]事實上，學習時伴隨較強的情緒刺激，有助於留住相關記憶。[14]

當我們承受壓力和情緒起伏不定時，對於攻擊性行為的掌控度便會降低。在這種情況下，憤怒、報復和嫉妒的感受會增加，引發更多的問題。這樣的情緒混亂會切斷「理性的行為」。在司法體系中，人們稱之為「暫時性精神錯亂」（temporary insanity）；在社會問題上，則稱之為「激情犯罪」（crimes of passion）。

雷夫對自己很失望，因為他無法原諒姊姊在一次家族聚會上對他說了傷人的話。我們討論他對這件事的感受時，他說：「這跟感受無關，我無論如何都應該要能原諒她。」難以原諒的事總是伴隨著強烈的情緒。迴避自己的感受反而有礙真正的原諒。我並不是要鼓勵人們沉溺在情緒裡，但承認自己的感受確實有助於放下創傷。

無法化解的創傷或壓力會使杏仁核變大。而杏仁核是引發大腦恐懼反應的區域，杏仁核變大則會更容易引發恐懼。恐懼反應若持續太久，就會演變成創傷後壓力症候群（PTSD），本書第十二章會再提到。

作者叮嚀：原諒需要時間，因為這個過程可能會引起強烈的情緒。

邊緣系統為我們對事件的反應以及享受生命的程度定調。它是整合外在和內在訊息的總機，不是把收到的資料送到新皮質產出想法、計畫或對策，就是送往戰或逃的原始大腦產出生存反應。它會立即把目前狀況跟過去的類似經驗相比較，決定要把訊息送往哪一邊。[15]

然而，當一個人情緒不穩定時，這個接收和發送訊息的總機就會出問題。在這種情況下，收到的資料全被歸入不愉快的事件，儘管在正常狀態下可能並非如此。接著，當邊緣系統把收到的新資訊跟之前累積的扭曲資訊相比時，就會出現差錯，於是新資訊被當作危險資訊，或是依此做出反應。長期承受痛苦或感受到威脅的人，腦中會儲存大量的負面記憶，可能也時常處在壓力反應下，老是覺得心煩意亂，而旁人也會覺得很難跟他相處。

艾力克斯是個治療師，他難以原諒父親在他小時候對他的虐待，還有長大之後的嚴厲管教。他們的父子關係向來緊繃。後來他的工作和身體都出狀況，他不得不來上原諒課程。他能原諒生命中的其他人，唯獨無法原諒自己的父親，因此生活和健康日漸惡化。一開始，我提供的觀點和步驟都幫不了他。經過兩個月的抗拒和掙扎之後，他想起父親一輩子都為身體不適所苦。想到這一點，他開始能夠理解父親為什麼總是如此暴躁易怒。他對父親的原諒是自然而然做到的，接著他的工作和身體狀況不到一週就有了好的轉變。

艾力克斯的例子顯示兩個重點。第一，**無法原諒，即便對象只有一個人，也會阻礙身體的療癒**。第二個重點發生在艾力克斯原諒父親過後幾個月。他去探望父親，回來之後他跟我說，他們父子的感情比過去任何時候都要好。兩人之間不再發生爭吵也沒有意見不合，他父親甚至對他很和善。艾力克斯發現自己過去的負面心態也影響了父子關係。

一旦負面心態消失，以同情和理解取而代之，他父親對待他的方式也跟著改變。「有天晚上我們只是聊聊天、聽聽音樂，卻是我們最棒的一次相處經驗。那天我爸甚至說：『這種感覺好極了！』」所以，第二個重點就是：**態度的微妙轉變就**

能影響彼此的關係。

你怎麼做勝過你說的千言萬語。

——愛默生（Ralph Waldo Emerson）

當負面記憶變得比正面記憶還強大時，邊緣系統的反應可能會引發：[16]

- 喜怒無常的情緒，易怒，憂鬱症。
- 負面思考和負面感受變多。
- 動機和動力減弱。
- 飲食和睡眠問題。
- 性慾降低。
- 社交孤立。

此外，悲傷、絕望、腦中自動浮現大量負面思考，也可能會發生。[17]

路易斯、阿明尼和藍儂三位精神科醫師在《愛在大腦深處》一書中指出，我們無法像控制肌肉一樣控制情緒。人無法強迫自己「想要對的事物或愛上對的人，甚或在失望之後快樂起來，或是在開心時盡情開心」。這並不是因為我們缺乏自制力，而是因為「意志力」的作用只限於新演化的大腦。「情緒可以被影響，但無法被控制，」三位醫師如此說。[18]

也有心靈導師和大腦科學家認為，人可以學會控制自己的情緒，但必須持續練習才能做到。因此，假如你試圖原諒的人做出情緒化的反應，而你責怪對方一點都沒變，還是那麼討人厭，那麼你也必須了解，他們大概無法按照你希望的方式或時程改變自己。

馬丁是個負責任又顧家的男人，為了家庭拚命工作，即使他做的是自己不喜歡的工作。他這麼努力都是因為想給全家人一個好的環境。但由於他不喜歡自己的工作，下班後常常喊累，動不動就發脾氣。過了幾年這樣的生活，他太太終於受不了，要求跟他離婚。他氣瘋了，差點殺了她。（這個案例讓我們看到情緒如何同時把我們往好的和不好的方向推進。）

還有一個類似的例子。里克不只討厭自己的工作，也討厭他跟家人居住的城市，而他之所以住下來是因為他太太娜塔莉喜歡這裡。後來娜塔莉再也受不了丈夫對她和生活缺乏熱情，決定結束兩人的婚姻。她帶走孩子並訴請離婚時，里克陷入情緒低潮，甚至試圖自殺。娜塔莉完全無法了解他的悲傷和痛苦。她說：「他明明每天下班回家對我或小孩都愛理不理的。」

第一個例子的馬丁，有多年的時間都無法原諒前妻，他無法理解她怎麼會沒看出他為了這個家犧牲了自己，做著自己不喜歡的工作。此外，他覺得她完全不在乎他每天上班有多辛苦。而第二個例子的娜塔莉則無法理解里克的傷心難過，在她看來，這段婚姻對他似乎可有可無。後來她從里克的觀點去檢視婚姻，才終於明白問題所在。

大腦的情緒迴路會促使我們以愛（或恨）為名，做出不尋常和不理性的行為。這是因為我們的情緒系統較早發育，分析能力則要到後來才會發育完全。青少年的新皮質尚未發育成熟，所以他們可能很難溝通，因為較早發育的杏仁核掌管了立即的反應，包括恐懼和攻擊行為。但大腦中掌管理性思考和幫助我們三思而後行的區域，也就是前額葉皮質，則要到較晚才發展健全。[19]

邊緣系統也跟酗酒、毒癮、賭博成癮、甜食成癮有關。[20]這就是為什麼有癮症的人無法說戒就戒，必須持之以恆才能成功。而人是群居的動物，藉由團體的力量，戒癮的成效會更大，匿名戒酒會之類的組織就是這個道理。

總之，邊緣系統為我們的生活賦予熱情和樂趣。它決定我們面對事情會如何反應，甚至用情緒為事件增色。它與新皮質一起合作，使我們的生活和記憶更加豐富。另一方面，當它啟動大腦的壓力反應時，我們可能就不會太好過了。

早期脊椎動物腦（爬蟲腦）

在本書的前幾個版本裡，我使用「爬蟲腦」、「R-complex」和「蛇腦」這些名稱。但根據最新的神經科學研究，這些名稱並不精確，所以我捨棄不用以免有所爭議。有些科學家建議把這個區域稱為早期脊椎動物腦。[21]

原始的大腦活動離不開「爭地盤」和「繁衍」，這個特徵至今仍然適用，而為了討論原諒的歷程，我們也必須理解這個腦區的運作。除了生理層面，下列是原始腦可能影響的基本生命活動[22]：

- 征服及掌控地盤：空間就是我們的王國、我們的地盤。我們對陌生人或異己者的反應皆源於這種地域感。它也是偏見的源頭，源於我們想保護屬於自己的東西的基本需求。在壓力下，這種驅力會變成「哪個人膽敢入侵我的地盤，我就攻擊他」。開車時，行車糾紛往往因此而起——感覺自己的空間或地盤被侵犯。
- 求偶，交配，炫耀：這些行動可以確保物種的存續。性暴力和性服從也包括在內。這同時說明了為什麼一個女人明知這麼做不明智卻還是屈服於性暴力，以及男女為什麼可能被性慾沖昏頭，答案就在大腦的深層結構中。

- 掌控人際互動：這是促使人們建立位階以維持和主導社會關係的驅力。人類本質上是群居動物，我們天生具有跟隨群體和群體規範，以及敬畏權威的傾向。[23]
- 建立行為模式：建立固定的行為和儀式對於穩固社會成員、賦予歸屬感非常重要。[24]例行儀式和固定模式可以給我們基本的安全感。這就是人結為群體、建立組織的原因，也是支撐所有宗教、政府和機構背後的力量。[25]但在壓力之下，這些儀式和活動可能變成一種強迫性的行為，會讓人走火入魔，甚至蠻橫地把儀式強加於他人。

這個層次的大腦通常會把社會和團體互動擺在第一位。當它發揮最高效力時，會是原諒的動力；若效力不彰，便會引發暴力和法西斯主義。

這種人際互動和社會控制的欲望使人出現效法、模仿和欺騙的行為，而這麼做都是為了要融入團體。風潮、流行文化和時尚產業都是建立在這股驅力之上。只要這些基本的生命活動出現任何改變，都可能引起我們強烈的反彈。恐懼將引發立即的壓力反應。而人類面對恐懼的反射性反應，就是攻擊或屈服。[26]

當這部分的大腦控制你時，你可能會覺得自己瘋了，甚至彷彿著了魔。這些都是古老原始的大腦反應。它跟你自我認知的明智理性天差地別，所以你當然會覺得陌生。這樣的反應甚至可能非常強烈。

但它不過是善盡求生存的任務，不是故意要奪走你的行為能力。這也是一個人之所以發動攻擊、使用暴力、逃跑或退縮的原因。但這些行動可能會使人受害。這樣的大腦只顧著生存，也只知道察覺威脅時要如何反應。

別弄錯了，那不是你！

人們把大腦的壓力反應誤認是自己的反應很正常，但那並不是你。這就像電腦程式並不是電腦本身一樣。電腦程式或許並不完美，導致電腦運轉出問題，但電腦程式終究不是電腦。兩者之間有極大的差異。

此外，電腦程式可以修復，使電腦運作更加順暢。人類是身、心、靈的複雜綜合體，而不只是一個古老的反應程式。當我們把自己或他人誤以為是這樣的程式時，勢必會變成快樂的絕緣體。

有些人把這樣的大腦反應視為可以改正的錯誤認知，而不是永遠要被譴責的罪惡，從中就有了原諒的可能性。不過你當然不能說：「我是被惡魔附身才做出那種事！」因為我們還是有責任要面對自己心中的惡魔。知名分析師邁克·康佛提博士

（Michael Conforti）強調，人們可能會覺得自己被生活習慣、天性這類看似比我們強大的力量所掌控，難以掙脫。我認為這些習慣或天性很多都跟我們提到的生存本能反應有關。[27]受這種反應控制的行為還有：[28]

- 緊張，恐慌。
- 不斷預言會發生最糟糕的狀況。
- 逃避衝突或攻擊他人。
- 動機低落或動機太過高昂。

不想改變、固執地維持現狀，是被大腦壓力反應控制的一大特徵。這樣的人會不斷重複同樣的行為，從不記取過去的錯誤。[29]面對壓力時，不經思考就行動是這種大腦的本能。這時它的座右銘可能是「拳頭就是真理」，或者「快躲起來」或「快逃」。

羅德就陷入這樣的大腦壓力反應中而動彈不得。他無法理解自己面臨的狀況，以及如何解決他目前的問題。他常跟人打架，從少年時期就經常進出監獄。他對妻子性虐待和暴力相向，控制她用錢、她去哪裡和跟誰見面。他希望妻子對他百依百順。為了小孩的安全，妻子對他言聽計從。但是當他開始控制小孩和打小孩，她知道他們的生活已經陷入危險。她透過一個女性諮商中心向外求助，找到「安全的地方」躲起來。丈夫想盡辦法要找到她，幸好沒讓他找到她棲身的收容所。

聽羅德談起早年的生活，我才明白他是怎麼變成今天這樣的人。他父親是個酒鬼，在他才兩歲時就會用皮帶或拳頭毆打他。他從不知道父親何時會發飆揍人。聽到這裡，我終於了解他為什麼會這樣過生活。他根本不知道還能如何反應。

假如能跟他妻子談一談，我絕不會建議她回到他身邊，但我會勸她試著了解他為什麼會變成現在這個樣子，因此可以不再怨恨他，或怪罪自己為什麼要跟他在一起。這麼做並不是要合理化或縱容羅德的行為，我也不會要她這麼做。我想要鼓勵她透過原諒釋放她自己的憤怒，這樣一來她受的傷才能痊癒，也才能擁抱正面的人生觀繼續往前走，而不會因負面態度和行為而傷害了自己的孩子或其他人。

作者叮嚀：沒有好好處理內心創傷的人，大腦比較容易產生壓力反應，因為這樣的反應機制已經控制他們很長一段時間，導致他們只會這樣的反應方式。即使是正常的人，一旦長期承受壓力，例如身在戰區或加入邪教，大腦也會開始愈來愈常出現壓力反應，行為舉止變得反常。當你試圖原諒自己的大腦壓力反應和邊緣系統害你不由自主做出糟糕的行為時，了解這些知識非常重要。這些較早發育的系統具有強大的生存本能。壓力和恐懼若持續一段時間，我相信任何人都會出現壓力反應。儘管如此，別把這當作任性而為的藉口。幸運的是，有很多工具能夠幫助你找回真實的自我。原諒就是幫助你擺脫生存本能、享受生命喜悅、發揮潛能的必要工具。

首先，你必須設法減輕生活中持續的壓力。最重要的是，你要知道並理解自己被原始的大腦反應掌控，並盡一切力量掙脫它的掌控。這需要強大的決心和毅力。沒有人能幫你做到這件事，但是專業人士或教牧諮商可能對你會有幫助。十二步驟計畫（12-step Programs）☆也是。

雷吉是個好人，為人和善又樂於助人，也固定上教會。但有時候他會脾氣失控，原諒的練習雖然對他有幫助，有時還是不夠。當他覺得受到威脅或感到恐懼時，參加越戰造成的創傷後壓力症候群偶爾還是會發作。他說：「有時候我會知道自己失控了。現在我知道在那種時刻，我不能再繼續餵養那股控制我的力量，一點都不行，因為它會把我整個人吞噬。」

☆編按：十二步驟是在歐美風行已久的戒癮課程。最早使用此法的是一九三五年成立於美國的戒酒匿名會，成功幫助無數人戒除酒癮、藥癮等成癮行為，重拾生活。它利用團體分享的形式，引入靈性力量，透過十二個固定步驟，引導成員察覺內在傷痛、改變行為。

恐懼管理法

理解原始大腦的壓力反應之後，我們就能明白為什麼採行恐懼管理是效力最不彰的管理方法。剛開始或許會看到成果，但這麼做最終不只會毀了員工，也會毀了整個組織。

假如你服務的公司組織或裡面的管理者使用恐懼管理法，你必須明白你想要原諒的對象可能每天都在高壓之下工作，包括你自己。邪教或某些教派的情況同樣如此。他們說不定還會宣稱「上帝是愛」，卻肯定沒有落實這樣的信念。他們落實和宣揚的其實是恐懼。讓一個人活在恐懼和持續的壓力下，就是一種洗腦，可能會使人做出平常不會做的事。

要避免自己被這種大腦的低階功能控制，你必須願意以客觀的角度看待自己的行為——那些行為不等於你。事實上，它們確實不等於你。採取這種中立的觀點，你才不會立即做出壓力反應，也才能反躬自問，了解是什麼原因激發了那種反應。建議你可以跟其他能採取中立觀點的人一起試試看。假如你的大腦壓力反應又活躍起來，他們就能幫助你克服這種習慣性的反應。

傑出的教育家伊蓮．德貝波博士（Elaine De Beauport）表示，這種大腦的低階系統會抗拒邊緣系統產生的各種新渴望，或新皮質做出的各種新決定。她認為這就是光有意志力不足以改變行為的原因，無論意志力「有多強大或出發點有多好」。[30]

前文提過專門研究人類習慣的康佛提博士，他提到一開始你要先認清自己被這些習慣掌控，接著再更進一步，主動反省和面對這些習慣，看看它們如何在你的生活中重複出現。這種方式在治療師的引導下最能達到成效。[31]

總歸來說，這部分的大腦影響下列行為：

- 個人的地域感。
- 擇偶與交配。
- 人際接觸。

一旦這些基本的生命活動出現任何改變，都可能引起我們強烈的反彈。恐懼將引發立即的壓力反應。而人類面對恐懼的反射性反應，就是攻擊或屈服。[32]

現在，仔細檢視你還耿耿於懷的事件，看看這些知識能否幫助你用不同的觀點理解對方。

大腦的最佳運作狀態

大腦擁有不可思議的能力，隨時都在接收刺激和做出反應，把生活譜成一連串和諧的行動和決定。大腦結構互相交織，彼此交流，但其實它們各自的構造、性質和化學成分並不相同。即使各有獨立的結構，研究證明各個腦區並非獨立運作。[33]極度複雜的大腦同時會進行多種層次的互動。它們在安全環境下最合作無間，這時候我們的腦袋裡就像一曲和諧的交響樂，而不是混亂的戰區。

然而，神經系統內建的生存機制，有時不讓我們做出最佳表現。遇到危險時，我們必須仰賴遠古時代就演化出的機制快速反應才能存活。在威脅（恐懼）和絕望的壓力下，原始的大腦反應系統更容易掌控主導權，使我們失去同情心和思考的能力。這時候我們的反應包括戰或逃，或是僵在原地。但在高度複雜的現代社會裡，這些反應若在錯誤的時間出現，可能會令人難堪、遭人排擠，甚至惹上麻煩。

作者叮嚀：由於大腦在安全無虞時最能發揮功能，所以你必須確保你在練習原諒時，是置身在舒服自在的環境中。如此一來，你的情緒才能平靜下來，高階的思考能力才能運轉，用更好的方式處理你心裡還不過去的新仇舊恨。

我們常常覺得被自己的壓力反應給困住了。然而，能帶給我們美好時光的，也是同樣一個大腦。下一章我們要探討有哪些更好的方法能用來管理挫折、焦慮，還有內心尚未療癒的創傷。

> 每當我們對自己或他人懷有負面情緒，或當我們故意為他人製造痛苦時，我們就是在毒害自己的身體和心靈。無法原諒自己或他人，就是對我們心靈最大的毒害。它使人的情緒資源無法發揮效力。我們的挑戰就是……提升自己愛人和愛自己的能力，以及培養原諒的力量。
>
> ——凱若琳．密思（Caroline Myss），www.myss.com，《心靈解剖書》（*Anatomy of the Spirit*）

第六章　掙脫情緒的牢籠

假如你都無法完全按照自己的意思塑造自己，
又怎能期待他人完全符合你的心意？

別再綁住囚犯，解脫束縛吧，因為這樣你就自由了。方法很簡單。每當你感到一陣怒火，要知道你就是舉起一把劍架在自己頭上。劍不是往下揮就是從頭上移開，看你要選擇不幸還是自由。

——《奇蹟課程》（*A Course in Miracles*），第一百九十二堂課

處理情緒帶來的痛苦

承受壓力的腦袋往往就像一名獄卒，懲罰著我們和其他人。這一章我們要來看看平撫大腦壓力反應的方法。

向外求助，一種常被忽略的方法

要能夠原諒，向外尋求支持的力量很重要，卻經常被忽略。身邊圍繞著懂得原諒的人，有助你做到原諒。有個擅於原諒的榜樣，對學習原諒是一大助力。

當你覺得卡住或停滯不前時，團體或個人的幫助非常有用。畢竟人通常看不出自己習慣的模式，尤其如果那些模式很早就形成。

有沒有支持團體、諮商師、牧師或十二步驟能幫助你處理生命中的負面事件，讓你更正面地看待生命？找一個適合你的支持力量。如果你參加教會或禪修團體，他們的支持有助你持續練習原諒。

范德堡大學的唐納．霍爾博士（Donald Hall）經由研究證明，社會支持和社會接觸有助於：[1]

- 人們處理生活壓力的能力，以及快樂和滿足的程度。
- 身體免疫系統對抗危機或疾病的效能。
- 社會接觸甚至能預言一個人會活多久。

> 愛和親密關係對我們的健康影響甚鉅。社會支持和互動對促進健康和長壽的效力，就跟戒菸、運動和飲食均衡一樣強大。
>
> ——狄恩．歐尼斯醫師（Dean Ornish）

想想看，有沒有人能跟你談一談，幫助你原諒他人或自己？

舒適圈的陷阱

當我們被迫離開熟悉的人事物時，腦袋就會釋放我們稱之為「壓力」的不安信號。每個人的壓力承受度都不同。有些人就算管理數百名員工也安之若素，但需要跟別人親密互動時就會感到極度焦慮。有的人或許受不了擔負重責大任，卻很擅長處理親密關係。

置身舒適圈會讓我們感到安全自在。危險的環境則會引起不安、恐懼，甚至恐慌，奪走我們清晰思考的能力。所以說，安全的環境就是最好的學習環境。[2]

舒適圈雖然是我們熟悉的環境，卻不一定對我們最有益。舉例來說，來自戰區的人們有時會千辛萬苦返回家鄉，即使路途充滿險阻也有受傷的風險，而原因便在於人都喜歡熟悉的感覺。我們以為自己做的是對自己最好的事，但實際上重拾熟悉的相處模式和過去的做事方法，有可能不但對我們不利，甚至根本行不通。

一個朋友跟我說了他的親身經驗。「走在一條有欄杆的橋上時，我發現自己因為懼高會偏向有車流的一邊，而不是欄杆那一邊。假如我不小心跌倒，就會被經過的車子給撞上。即使我很確定有車流那邊比較危險，還是得花很大力氣才能強迫自己靠向比較安全的那一邊。」

馬里歐小時候很討厭父親會因為他不聽話而體罰他。他痛恨父親，所以年紀輕輕就離家。後來只要有人大小聲，他就會心情不好。但是當他兒子不聽話時，馬里歐卻像父親當年一樣打罵孩子。情緒失控不但使他感到愧疚，也因此心情低落，因為他不知道自己為什麼會這樣或是該如何改變。

面臨壓力時，強烈的情緒、過去的事件和心理的防衛機制，會從意識底層（潛意識）冒出來突襲我們。因此，面對需要原諒他人或自己的情況時，必須把「壓力」的影響考慮進去。

現代社會的人際往來更加複雜，原諒已經是人類內建的高階功能之一。然而，當我們情緒混亂、心情低落、憤怒、怨恨或失控時，這些功能就難以正常發揮。但是在這種時候，原諒即使更加困難，卻不可或缺。

你理解的不一定是正確的

大腦新皮質的一個有趣功能，是平衡視覺印象。我們的眼睛掃視眼前的畫面時會有些微小的跳躍，視野和視野之間是模糊不清的，而新皮質會把這些畫面連貫起來，填滿中間的空缺，如此一來我們看到的畫面才會是平穩連續的。儘管實際上並非如此。[3]

雖然新皮質的填空功能對不斷跳躍的視線很有幫助，卻會造成一個問題。約翰・霍普金斯大學神經學教授大衛・林登博士（David Linden）在《進化的大腦》（*The Accidental Mind*）一書中表示，這樣富有創造力的大腦，也會把記憶的原料用同樣的方法編造成一個前後連貫卻不一定真實的故事。因此，犯罪或意外現場的每個人對事件的描述都不一樣。

這種現象在舞台催眠上也看得到。一個人在被催眠後得到要他去做特定行動的指示。當他脫離催眠狀態並依照指示行動時，他會捏造各種自己為什麼要這麼做的藉口。那些藉口就是新皮質努力在理解發生的事。

壓力反應系統如何被啟動，決定了新皮質會利用哪些你看到的東西和你認為的「事實」，編出一個流暢的故事，整合其中的所有元素。新皮質會利用當下可得的資料來完成這件事，只不過通常是透過情緒的眼鏡。一個陷入恐懼反應的人，眼中看到的都是可怕的情境，也會合理化自己的反應，即使這樣的反應很不合理。

上述知識對原諒來說很重要。你告訴自己的故事雖然來自你的所見所聞和所掌握的「事實」，卻可能並不全然準確。它非常可能是新皮質為了解釋事件而編造的故事。我們都希望自己看的和想的清楚無誤，但事實並非如此，中間其實有很多空白。我們的腦袋建立在情緒反應而非理性思考上。當你要原諒自己或他人時，務必把這一點納入考量。

外在世界反映內在世界

我們看到的世界往往令人憂慮不安。但眼睛看到的其實只是許許多多微粒或不同形狀的光波。從生理層面來看，光線射入眼睛在視網膜上形成影像，視網膜再將這些光影透過視神經傳送到大腦。我們甚至還不知道自己看到了什麼，大腦就已經開始解讀影像。大腦利用自己的「經驗和資料庫」詮釋它看到了什麼，以及伴隨而來的情緒。

我們在生命初期就已經快速填滿大腦的資料庫，從最初接觸的人身上學會辨識環境，也經由他們認識這個世界和各種不同的人。這些人也把他們對事物的偏見傳遞給我們。我們透過這些最初的老師（爸爸媽媽、兄弟姊妹、其他親近的人，以及跟他們相處的經驗）詮釋所有經驗。母親是我們主要的情感和資訊來源，甚至我們還在子宮內就開始傳遞和接受資訊。[4] 人生最初的老師對我們具有強大的影響力，不只影響我們**如何**看待和體驗這個世界，也影響我們看到和感受到**什麼**。

甚至連顏色這麼簡單的事情都可能引起強烈的情緒反應。例如，要是一個母親因為受過創傷而討厭紅色，她就會把這樣的偏見傳給自己的小孩。就算沒有人告訴孩子紅色不好，他也能從母親的音調變化和臉部表情接收到這個訊息。

在家暴環境下長大的小孩，往往把世界看成一個不安全、令人害怕的地方。同樣的道理，疑心病重的父母養育的小孩多半對人群和環境充滿恐懼。當人們內心恐懼時，低階的大腦功能就會比較活躍，理性思考和喜悅之類的正面情緒也比較難有機會浮現。

相反的，比起從小遭受虐待和暴力對待的小孩，在愛的環境下成長的孩子較有安全感，眼中看到的世界也比較安全穩固，而且因為感到安全，他們也更能夠理性思考和覺得快樂。研究證明，在出生的第一年間沒有被撫觸的新生兒，死亡率較高，就算存活下來，他們對人和生命的情感回應也較少。[5]

內在狀態決定我們如何看待這個世界，我們對外在世界的反應源自父母、家人、最初的宗教信仰，以及出生的國家。來自不同文化和家庭的人對同一件事往往會有不同的反應。大腦壓力反應尤其深受家庭、文化、宗教和偏見所影響。

奇怪的是，長大之後我們仍然會延續自己不喜歡或不認同的人所灌輸給我們的思維。因此，想要改變習慣性的反應，就必須回顧自身的想法觀念的源頭，盡力去改變它。這件事並不容易，因為早期所受的訓練和習慣性的情緒反應，早已成為你的一部分，而且往往源於較早發育的大腦。然而，經由檢視自己的行為模式和期待而獲得的自由，是無價之寶。就此而言，心理治療師一定能夠幫上忙。

五十五歲的艾倫對於找到一個令他心動、能長相廝守的伴侶已經不抱任何希望。他聰明、一表人才又學有專精，但談的戀愛都不長久。在原諒的課堂上，他說自己很難原諒母親，因此他決定深入檢視小時候母親對他的教育——他稱之為「洗腦」。他試著從中尋找母親傳達給他的微妙訊息和規則。

「這是我做過最困難的一件事，」艾倫坦承。「我討厭小時候我媽對待我的方式。她對我太過保護，太關心我做的每一件事。要是我不夠在乎她，她就會覺得很受傷。回顧自己的感情生活時，我才發現自己總是期待別人給我超乎尋常的關心，如果沒有，我就會認為她們顯然不喜歡我。」他接著說：「難怪我的感情都不長久，我從沒給過任何人機會。事實上，我再也不想要被愛逼到快窒息的感覺。更糟的是，我覺得自己永遠無法滿足伴侶的要求。我把每個女人都看作是個無底洞，那對跟我交往的人來說很不公平。」他已經了解母親為什麼會那樣，也原諒了她，但他說：「看來我大概永遠沒辦法有正常的關係。這才是令人傷心的地方。」

艾倫的外在世界反映了他的內在世界。女人對他沒好感是因為他總是很愛挑剔，喜歡品頭論足。艾倫看得出來自己的「早期設定」如何影響他的人生，這樣的洞察力很了不起。他花了多年探索內在，懂得如何觀照內心世界。由於我們的社交圈有些重疊，所以我聽說後來不到一年間他有了幸福的新戀情，兩人還論及婚嫁。

> 生活不在我們的外在，而是在內在上演，想法決定了我們的經驗。
>
> ——吉姆・羅斯莫吉（Jim Rosemergy），作家及統一教派牧師

我們常在兒童身上看到這種負面設定。同樣的，外在世界反映了內在信念。一個從小就被灌輸其他種族比較低等的人，永遠會用這種方式看待其他種族的人，直到有不同的訊息被輸入他的大腦為止。從小我們就接收到很多偏見和負面反應。這些偏見和反應持續左右我們，甚至直到我們長大，除非我們有自覺地檢視這些早期形成的反應模式。而學習原諒使我們得以改變這些習慣性的反應，如此才能更有效地探尋事情的真相。

你有過肚子餓時開車穿過市區的經驗嗎？因為肚子餓，如果又找不到餐廳，就會影響你對這個城市的看法。如果你正在生氣，你只會看到不友善的人和各種問題。車上的其他人因為受其他事件影響而對這座城市會有其他看法。被問到對這座

城市的看法時，車上每個人都會有不同的答案，甚至是帶有強烈情緒的答案。

改變習慣性的反應

當生存反應變成了一種習慣性的反應，想要改變就必須檢視和重新評估這些反應。你感受到和看到的只是你的習慣性反應，並非事實。陷入負面情緒時，假如你還記得這一點，你可以試著放鬆下來，深呼吸，禱告，幫助你改變當下的感受。記住，假如你不喜歡現在的生活，你有能力重新檢視和改變自己的習慣性反應。

理解的最大益處，就是帶來謙卑。伴隨理解而來的是，覺察自己看待問題的方式並非唯一的方式，因此不再把自己無限放大。如此一來，就為平靜和原諒開啟了大門，情緒的轉變不再遙不可及。

重新評估自己的標準

我們可能會因為期望完美而對他人或自己抱持不切實際的標準。確認和重新評估自己的標準，是通往原諒和知足滿足的關鍵。

史丹福原諒計畫的著名研究員弗瑞德・魯斯金把這些標準稱之為我們的「準則」。高效溝通專家馬歇爾・盧森堡則稱之為我們的「價值觀」。兩種說法都有助於我們深入檢視自己評價他人的方式。而就是這些評價阻礙我們原諒自己或他人。

我們都樂於把批判性分析視為一種為自己加分的能力，卻經常誤把這種能力用來評判他人、譴責他人。因為如此，我們把自己或他人困在失敗的廢墟中，不肯站起來拍拍身上的灰塵大步向前走。

社會、宗教和個人要能夠發展、表現和擴張，必須要建立起一套標準、規則和價值觀。然而，當我們的準則和評價導致我們不斷指責和攻擊他人或自己時，就會產生問題。

在心裡或公開地攻擊別人時，輕則會讓我們感到焦躁不安，重則可能釀成悲劇。看看盧安達和波士尼亞發生的種族及文化滅絕事件就是例證。持續至今的伊斯蘭聖戰和恐怖主義也是血淋淋的教訓。

我不是要鼓吹大家降低標準，而是要鼓勵大家檢視自己的標準從何而來、是不是真的適當，未能達到標準時也不要對自己或他人太過苛刻。若你認為這些標準重要無比，就繼續保留。

「罪」的英文sin源自希臘文，原意是沒達到目標。如果沒達到目標，你就會一試再試，不斷練習，直到成功為止。透過重新評估不切實際的期望，瞄準真正有價值的目標，即是達成所願（原諒）的關鍵。

舉例而言，不切實際的期望多半來自他人的看法。反對死刑的受害者團體有時會被騷擾，甚至收到死亡威脅，因為他們原諒了凶手，拒絕成為仇恨的受害者。

自我練習：想知道他人如何影響你決定要不要原諒，問問親友對你覺得難以原諒的人事物有什麼看法。

- 他們說了什麼話阻止你原諒？
- 要是你決定原諒，其他人會怎麼看你？

釐清這些問題，能幫助你深入了解阻礙你原諒的社會和文化偏見。

當準則、判斷和期望變成了阻礙

假如你對這個世界感到不滿，絕對不能跳過這個段落。要減少潛意識對我們的影響，方式之一是對自己的心態有所覺察。如前所述，我們的行動和想法底下，隱藏了種種經常被原始大腦的生存機制驅動的準則、判斷和期待。

而阻礙原諒的力量多半來自家人、宗教信仰、整體社會教導我們的情緒模式和生存規則。我們根據這些規則做出各種判斷。這些判斷和規則決定我們待人處世的標準，以及能不能做到原諒這件事。在強大的壓力下，我們對這些準則的認知和理解會變得扭曲，即使準則本身有其道理。

家庭、同儕、師長、社會、國家、宗教信仰都在情緒上影響了：

- 我們珍視的價值。
- 我們應該怎麼做。
- 我們對他人的期望。

重要提醒：我們被灌輸的概念不一定都正確或極具價值。不同家庭的宗教觀和社會價值可能天差地別，不同國家或文化之間的差異更大。一個成熟的人應該要懂得適時重新評估自小接收的觀念，尤其當自己的期望總是難以實現時。

當有人打破你的規則，而你為此生氣時，十之八九可以肯定的是，這種反應背後的情緒來自於原始的大腦，而非演化的大腦。這裡我指的是強烈的情緒，例如當一個人表達某種看法或做了某些事激怒了你，使你產生攻擊和傷害對方的衝動，但其他人卻覺得沒那麼嚴重的時候。我指的不是侵害人身或他人財產之類的事，但即使碰到這種事，我們的反應也可能太過極端。

情緒為生命賦予活力。但當情緒左右你的生活，害你不快樂時，以原諒為目標重新評估你的準則、期望和評斷，就絕對必要。新皮質的功能就是控制這些原始大腦的反應和行為舉止。你必須為這些擾亂生活的情緒立下界線。

奈德的母親總是告訴他：「你跟你爸一個樣。」這對奈德來說，像是背負著一個負面的形象，因為他根本不想像自己的父親。多年來，奈德都覺得父親一無可取。後來在一次有人帶領的原諒冥想上，他想起母親對外公的觀感極差，因為她童年曾遭受他虐待。奈德這才發現兒時的經驗破壞母親對所有父親的印象，甚至讓她對所有男人都沒好話。了解這一點之後，他終於能夠原諒母親長期以來對父親和對他自己的批評指責。

原諒需要你能接納不同的觀點，擺脫習慣性的想法，如此才能改變大腦的認知連結。你的行為準則可能來自最初的負面記憶。重新評估這些準則，才能確認它們現在對你是否還適用。

瑪麗是家中唯一的孩子，從小在鄉村長大，很習慣獨處。彼特來自義大利的大家族，是個都市小孩。一開始，他們兩人對彼此的差異感到興奮。瑪麗喜歡跟彼特的大家族相處。彼特則認為瑪麗為他的生活帶來安穩平靜，兩人獨處時他可以享有屬於自己的時間，但家人在旁邊他同樣舒服自在。過了一段時間，瑪麗漸漸對缺少自己的時間感到不滿，因此開始在家人面前批評彼特，彼特也不甘示弱。沒過多久，兩人就覺得彼此的差異大到無法相容。

後來彼特參加了原諒訓練課程。每當瑪麗生他氣的時候，他會試著先放下負面情緒，尋回內心的平靜以挽救這段婚姻。他不再一惱怒就立刻反應，並且發現自己藉由保持平靜而開始可以理解瑪麗的想法。彼特表示，「當我透過『原諒的耳朵』傾聽時，我們終於找到解決兩人差異和挽救婚姻的有效方法。」

彼特很有智慧，知道不能堅持只按照自己想要的方式相處。於是他不再參加每一場家族聚會，即便他很想參與。瑪麗很感激彼特為了她這麼做，因此也比較願意配合。在調和彼此的差異期間，他們約定好早一點離開聚會，瑪麗發現這麼一來她就不介意去參加聚會了。經由這個過程，他們諒解了彼此。

自我練習：藉由下列步驟檢視你的內心準則是否合理和實際：

一、列出你覺得冒犯你的人破壞了什麼價值觀、法律、準則或道德規範。

二、一一檢視這些情況，並問自己：

- 這個準則從哪裡來的？
- 這個準則或規範合理嗎？還是需要修正？

三、接著問自己：

- 我期待別人遵守這些準則是否不切實際？我也做得到同樣的標準嗎？

・我期待自己遵守這些準則是否不切實際？

三封信的練習

這個練習是我認為有助於原諒的最佳方式之一。

溝通對人類生存不可或缺。共產時期的羅馬尼亞孤兒院裡，很少跟人接觸的孩童不是早夭，就是變得極度孤僻，甚至具有反社會傾向。而深入檢視難以原諒的案例會發現，雙方往往有溝通的問題，甚至排斥或拒絕溝通。即使你想要從此跟對方斷絕往來，還是必須先理解究竟發生了什麼事，因為負面情緒的出現往往是透過溝通或缺乏溝通而造成的。

我是從世界寬恕聯盟（The Worldwide Forgiveness Alliance）的創辦人及前負責人羅伯・普拉斯（Robert Plath）那裡，接觸到由約翰・格雷博士（John Gray）提出的這個練習概念。羅伯是一個樂於助人的律師，畢生致力於在各地推廣寬恕的力量。他的一大目標就是把全球寬恕日變成一個國際性節日。[6]

三封信的順序根據的是人類共同的經驗，是我們陷入負面情緒時常有的反應。首先，在信中跟自己的「仇人」正面對質；你可能會怒火中燒，在信中告訴對方你為什麼這麼生氣。接著輪到對方回應。在理想的狀況下，雙方說完之後，負面情緒就會消散，雙方之間得以重建連結。

對質信

原諒是一種充滿情感與情緒的行動，所以我們必須先對自己的情緒有所自覺，然後將這些情緒釋放。

寫一封信給你想要原諒的人。在信中原原本本說出傷害你的事件，以及此刻你對那個人的感受。用這封信宣洩你對這件事和那個人的所有感覺和想法，不用為了替對方著想而有所保留。寫下你心中所有的憤恨不滿。

在信裡道出你所有的痛苦和失望，盡情抒發你的情緒。把這些全都寫下來是很重要的一步，如此一來倘若你遇到對方或是想起他們時，才不會掉入情緒性攻擊或情緒失控的泥沼。

寫信時務必思考以下問題：

- 對方如何讓你覺得很受傷？
- 這件事有哪些地方不可原諒？

- 過去有哪些事會讓你想起這件事？
- 是什麼原因讓你無法原諒或不願意原諒？

寫下此刻浮現你腦海的感受。底下這些問題可能對你有所幫助：

- 想起對方時，你有什麼感覺？悲傷、沮喪、憤怒、愧疚、受傷、焦慮？
- 除了這些主要情緒，有沒有其他情緒藏在底下，或是跟主要情緒混雜在一起，例如尷尬、羞恥、丟臉？
- 你願意面對這些情緒，不要逃避嗎？

寫信時，如果你想起更早之前的類似事件，無論對象是不是同一個人，都值得你立刻寫下當時發生的事。切記，早期的憤恨可能使你對後來的仇怨難以釋懷，因為大腦的神經迴路極有可能把後來的事件跟早期的類似事件連結在一起。

在這封「充滿情緒」的信中，把你所有的感受寫下來。然後重讀一遍，看看有沒有什麼要補充的。完成之後，把信放到一旁。有些人會把信給燒了，當作一種儀式。你可能想把信寄出去，但請稍安勿躁。第一封信只是起點，真正的理解要從第二封信開始。

現在我們來進行第二封信。

答覆信

我從婚姻及家庭諮商的訓練中學到傾聽他人觀點的好處，後來到夏威夷工作時，也從修復家庭感情的「荷歐波諾波諾」（Ho'o Pono Pono）儀式中獲益良多。這是一種夏威夷的傳統療法，親近的家人聚在一起，藉由這種療法修復關係、解決紛爭。參加的人可能多達二十個，甚至更多。

在傳統的荷歐波諾波諾儀式中，從小孩到長輩，每個家族成員都要說出自己如何被發生的紛爭衝突所影響。大家透過儀式寬恕彼此，恢復往日的和睦。分享時大家可能會很激動，也可能要花很長的時間，甚至長達數日，這樣每個人都有時間說出自己的感受，釐清究竟發生了什麼事。而若想恢復彼此的和睦和善意，關鍵在於一顆願意原諒所有人的心。[7]

現在，從你覺得傷害你的人的觀點，寫下第二封信。利用這封信來回答你的每個負面情緒，但要以對方的經驗為準。寫這封信給自己，把它當作對方寫給你的信。你在信中要扮演他們的角色，從他們的觀點說出事情的緣由。

站在對方的立場解釋完也提出辯護之後，寫下你想從他們那裡聽到的話。從他們的立場寫下你的痛苦憤怒對他們造成何種影響。務必要得到你想要的答覆。如果你想要的是道歉，那就寫下他們對你的道歉。如果你需要對方承認自己犯的錯，就在信上寫出他們的覺悟。這雖然是一封一廂情願的信，但你可能會對它的深刻見解和效果感到訝異。

即使你知道信是自己寫的，寫下他人的看法往往會有意想不到的發現。有幾個學生告訴我，他們相信對方這輩子都不可能說出那些話。有了這樣的體認之後，他們發現渴望永遠得不到的東西只是白費力氣，因此才放下心中的怨恨。

在這個階段，我會使用催眠療法幫助個案想像自己得償所願。你也可以自己試試看：放鬆下來，想像得到對方的道歉或你想要的東西。研究顯示，大腦往往分不清催眠狀態下和真實生活中發生的事有何差別。因此，在腦袋極度放鬆時想像自己得到了想要的東西，能讓你覺得好過許多。

要真正了解一個人的觀點，就站在他們的立場想一想。底下的方法或許能夠派上用場：

一、寫下你認為對方相信的道德準則，他們的行為反應都受到這些準則影響。
二、他們如何看待這個世界？他們的恐懼、熱愛和喜惡是什麼？
三、在他們的家庭長大是什麼感覺？
四、身處他們的文化或年代是什麼感覺？

五、他們的問題是什麼？

六、他們的情緒管理能力如何？

七、他們對你或別人有什麼樣的期望？

假如你無法回答這些問題，那麼你就不夠了解對方，又何必要責怪對方？

寫下這封信的同時，你也解放了情緒。理解總是能夠降低情緒的動盪；同情則會帶來諒解。

若是你依然無法放下，沒關係，繼續閱讀下一章。練習原諒具有滾雪球般的效果。只要每個階段都盡你最大的努力，就能繼續向前。到了某個時刻，一定會出現轉變，到時候你就能擺脫負面情緒。

最後是第三封信：**感謝信**。我建議你也寫寫看。稍後在第八章〈原諒的力量〉會詳細說明。

跨越第四道關卡：

你對這個世界和其他人的直覺反應，來自於大腦過去的習慣性模式。若你願意尋找這些習慣性模式背後的真相，就能夠掌控自己的生活。而現在你已經有了尋找真相的工具。

過去的習慣性模式往往是一個很大的障礙，一旦跨越這道障礙，你就不會再為自己碰到的困境責怪他人，也能重新掌握自己對事情的反應。要做到這一點並不容易，卻比繼續憤怒和怨恨對你更有益。當不好的事情發生時，無須外求你就有對付它們的智慧。你遇到的問題會變成一個挑戰和機會，讓你得以超越過去的所知所學，用不同的觀點看待事物，進而原諒他人或自己。

別人做事不順你的意用不著生氣，因為你自己都不能順自己的意了。假如你都無法完全按照自己的意思塑造自己，又怎能期待他人完全符合你的心意？

——耿稗思（Thomas A Kempis），《師主篇》（*Imitation of Christ*），十五世紀宗教作家

第七章　找到原諒的意義

一旦擺脫受害者思維和自責的想法，
我們就可以用更正面的觀點看待世界。

無法原諒別人的人，等於毀了自己必須通過的橋；因為每個人都需要被原諒。

——喬治・赫伯特（George Herbert），十七世紀英國詩人

意義讓原諒更容易

從原諒中尋找意義是必要的。底下的兩個故事證明了原諒的力量。

艾咪・畢爾

一九九三年南非種族隔離制度引發社會暴力衝突的期間，有個年輕的黑人殺了交換學生及羅德學者☆艾咪・畢爾（Amy Biehl）。艾咪的父母支持她參加種族隔離抗議運動，事發之後他們從美國飛到南非探望兇手的家人，藉此對女兒和她的理念致敬。他們不但原諒了兇手，還出庭為他作證，幫助他得到特赦。他們說這是他們唯一的選擇，因為他們知道女兒會希望他們這麼做。[1]

憑藉著對女兒的愛和支持，艾咪的父母得以跳脫自己的情緒，擁抱女兒的觀點。這樣的意義使他們得以原諒兇手。

狂野比爾

喬治・李齊（George Ritchie）是一位精神科醫師，在維吉尼亞大學任職多年。他在《死亡九分鐘》（*Return from Tomorrow*）這本深刻動人的書中提到以下這個力量強大的故事。

成為醫生之前，李齊曾加入一個醫療團隊，隨著團隊被派往剛解放的納粹集中營。他在那裡認識了綽號叫「狂野比爾寇迪」的猶太囚犯。此人眼神炯亮，跟著美國士兵一天工作十五、六個小時也全無疲態。士兵都精疲力盡了，他卻益發精神奕奕。「他的臉上散發著對牢友的同情，」李齊醫生如此描述。

團隊成員猜測狂野比爾想必並未在集中營待很久。後來李齊從紀錄中發現，狂野比爾從一九三九年就被拘禁在那裡，他大感吃驚。他問狂野比爾當其他人都奄奄一息時，這麼多年來他如何還能保持活力。底下是他的回答：

☆編按：Rhodes Scholar，國際性的研究獎學金，每年挑選各國已完成本科學程的大學菁英前往英國牛津大學進修，有「全球大學生諾貝爾獎」之美譽。

我跟我太太、兩個女兒和三個兒子住在華沙的猶太區……德國人抵達我們住的那條街時，他們命令所有人靠牆排成一列，然後舉起機關槍開始掃射。我求他們讓我跟家人一起死，但因為我會說德文，他們就把我抓去工作隊。當下我心想，是否就任由自己憎恨那些德國士兵。這個決定其實很容易。以前我是律師，執業期間太常看到仇恨對人的身心會造成什麼影響。而就在前一刻，仇恨也殺死了我在這世界上最重要的六個人。所以我決定，往後的日子不管還有幾天或幾年，我都要用餘生來愛每一個我接觸到的人。[2]

活出意義來

這的標題是精神科醫師維克多・弗蘭克（Victor Frankel）一本書的書名。他是納粹死亡營的倖存者。他之所以能夠倖存，就是因為他能從生命中找到意義。他發現那些無法從生命中找到意義的人，通常無法從悲劇中存活下來。

他的作品幫助人們找到生命的意義，也孕育出一種新的療法。他認為從事我們認為有意義的事，就是生命最大的動力。根據亞馬遜網路書店的統計，一九九〇年代他的書是美國最具影響力的十大作品之一。而找出意義不但對原諒是重要的一課，對生命也是。

想想看，生命中有什麼事會促使你想要原諒他人？

拆解問題

事實上，你無從得知任何人的腦袋裡，甚或你自己的大腦中，經驗會如何被串連解讀。一個新冒出來的棘手事件或問題，可能會被連結到錯綜複雜的思考模式和經驗，以及千絲萬縷的準則和判斷。因為如此，進行原諒練習的最佳策略，就是把問題給拆解（見第三章）。假如你還是覺得難以處理某個狀況或問題，就再進一步將它拆解。

讓原諒變得更容易的方法

回顧更早之前的類似事件。每一個新的經驗都會與大腦中的經驗群連結。由此可見，回顧生命中發生過的類似事件有其重要性。當你回顧並面對記憶所及的類似經驗時，原諒也能更加深刻。

記住，一旦你修補了家庭、宗教信仰和文化曾經對你造成的創傷，你就更能夠享受生命的美好。[3]

若能回顧與檢視早期的類似事件，原諒治療就能發揮最大的效力。假如一個人無法原諒自己的伴侶，而他跟伴侶的互動方式很像他跟父母或兄弟姊妹的互動方式，此時應該先暫停處理他跟伴侶的關係，轉而處理他跟家人的關係。先把更早的關係處理好，跟配偶或伴侶的問題就會更容易解決。

若是你很難原諒某個人，可以問問自己：

- 更早以前有人對我做過一樣或類似的事嗎？
- 我曾經做過一樣或類似的事嗎？
- 之前我碰過一樣的狀況嗎？

回顧更早的類似經驗，如果你還是覺得很難原諒，再度問自己是不是還有比這更早的類似經驗。

例如，跟第二任丈夫的問題可能與第一任丈夫的問題相似。假如負面情緒還是揮之不去，就必須再檢視更早之前的經驗。

講求公平是原諒的阻礙

一心要求公平，會對原諒的意願產生負面影響。面對問題或紛爭，站在自己的觀點，往往會覺得是對方的錯，尤其當對方不願意道歉或承認我們受到影響的時候。對方沒有道歉可能有很多原因，但我們多半不會去思考有哪些原因，因為我們總是相信自己是對的。什麼才叫公平，雙方很難達成共識，大家對事情各有不同的看法。因為如此，我們才需要法院來裁定是非曲直。但社會上雖然有法律來裁判公道，卻也不可能完全公平。我們從小就會抱怨「不公平」，直到長大也是。

雖然人都會嚮往一個凡事公平或人人都尊重你的世界，但其他人看待事情的觀點很少與你一致，到頭來追求公平只會讓自己愈來愈不開心。要求公平往往只是一個幌子，用來掩蓋自己的偏好和需求。我想要的就是「公平」，別人想要的就沒那麼合情合理。最後的結果是，每個人都緊抱著自己的觀點不放。人人都在拚命爭取自己想要的，對彼此的埋怨日漸加深。[4]

我們常在這種假公平的思維中，看見人們根據自己內在的準則，發展出有條件的信念，例如「如果他愛我就不會捨得我開一輛爛車」。或是「如果他在乎我的話，他下班就會馬上回家」、「如果他們看重我的工作，就會幫我加薪」、「如果她愛我，就不會在我工作很累之餘還來煩我」。《想法與感受：減輕認知壓力的技術》（*Thoughts & Feelings: the Art of Cognitive Stress Intervention*）的諸位作者指出，只要認清「公平」的定義多半因人而異，就能化解自己對公平的錯誤認知。更有益的方式，是說出自己想要、需要或希望什麼。放下對「不公平」的既定看法，你才能誠實地面對自己和他人。[5]

了解自己真正的需求和渴望

表達自己的需求和渴望，從而滿足這些需求和渴望，並不是一件容易的事。若是你連聽聽他人的想法都不願意，你的需求和滿足大概也很難被滿足。況且你也需要良好的溝通技巧，才能正確表達自己的想望。

馬歇爾・盧森堡博士致力於傳授善意溝通法（compassionate communication），幫助人們更了解自己和他人，好讓我們的需求和渴望更容易獲得滿足。他在《非暴力溝通：愛的語言》這本書中，介紹了這個了不起的工作。[6]

我們的需求和渴望多半來自於潛意識。照著本書整理的方法去做，善用練習簿，將能使你仔細檢視自己真正的需求，原諒方能水到渠成。

有助於原諒的態度：謙卑

能使原諒更容易達成的態度，就是謙卑。但要了解謙卑的力量，可能需要一段時間。因為謙卑，我們才能往後退一步，跟那個永遠想要證明自己是對的自我拉開距離，客觀地看待事件本身。謙卑不代表軟弱、膽小、順從，或是卑躬屈膝。它代表你的內心有足夠的勇氣說：「我並非無所不知！」

謙卑最重要的一個特點，就是打開通往原諒的門，因為它能使我們放下防衛，願意同情並理解他人的處境。它撫平了急於反應的大腦，讓我們跟充滿防備心的自我保持距離，不再需要藉由責備和攻擊他人來得到安全感。謙卑會讓我們不再扮演上帝的角色，以為自己無所不知。

此外，謙卑會使我們願意承認自己也做過傷人的事，跟我們無法原諒的人比起來並沒有好到哪裡去。更重要的是，因為放下那個高高在上的自我，願意承認自己的缺失與不足，說出「承蒙上帝開恩，才有今天的我」，於是我們能夠原諒自己。在這句話裡，我們承認自己跟他人沒有多大不同，只是境遇不同。這麼做有助我們放下防備心和攻擊心，重拾與生俱有的平靜、喜悅和愛。

如何看清真相

想要看清楚事情的真相，你必須跳脫永遠想證明自己是對的渴望。謙卑之心得來不易，一旦換上謙卑的心態，內心的喜悅、平靜和愛都會跟著提升。對很多人來說，謙卑甚至能將神聖的力量帶進生活之中。

面對憤怒、恐懼和任何欠缺愛的表現，我們需要先有一顆謙卑的心，才可能說出：「我不知道到底發生了什麼事。」這樣的心態會讓你遇見更寬容的自己，愛、平靜和生命力也會源源而來。這就是原諒的起點。

謙卑不但要求我們別再扮演上帝，以為自己無所不知，也要我們接受上帝的援手。這麼一來，當我們尋求真相時就能看見真相，因為我們是透過愛的眼睛去看這個世界。

培養決定原諒的能力

原諒的另一個要素，是決定原諒的能力。「決定」在這裡是主動動詞，時態是現在，而不是未來。相反的，「意願」和「動機」針對的則是未來某個時刻的原諒。因此，原諒的決定是時時在更新與前進的。

前文提及決定原諒是一件不容易的事。原諒的決定力量強大，若能伴隨著理解，則會更加容易。繼續往下讀，你就會對自己尚未原諒的事有更通透的理解，對自己和他人更加同情，進而**決定**放下心中的怨恨。這樣的結果說不定已經在某件事上成真，而你已經把目標轉往其他人事物。

「意願」和「動機」對於各種決定都很有幫助。你從本書可以得到多少收穫，也深受意願和動機影響。人若受到鼓舞，意願和動機都會跟著提高。

意願

心中想著你的最高目標（原諒的第一要務，見第一章），原諒的意願就會得到鼓舞。意願是原諒的基本要素。其他因素都取決於意願的變化。

問問自己以下問題：

- 我願意往這方面努力嗎？
- 我願意面對自己的抗拒嗎？
- 我願意放下嗎？

・我願意對自己完全誠實嗎？

動機

為「釋放力量的原諒步驟」做準備時，要抱持以下動機：原諒具有強大的力量，能幫助我掙脫桎梏，獲得自由。假如動機夠強的話，你就能堅持到底，直到感覺內在產生變化。這時候你會更容易做出原諒的決定。這個過程可能要花點時間，尤其是當你需要療傷時。堅持這個動機是很重要的第一步。

一九九三年我的人生跌到谷底時，我努力想搞清楚這一切是怎麼回事。我讀了《奇蹟課程》的前言，基本上它的意思是：上帝就是無條件的愛，但你必須寬恕才能感受到那種愛。於是我的最高目標（感受上帝的愛）瞬間被點燃。繼續往下讀時，我想要原諒他人的意願進一步增強，接著則是有了動機。當我領悟到自己必須原諒才能感受到上帝無條件的愛時，我決定坐下來，直到盡我所能原諒所有人之後再站起來。幾個小時後，我放下了當時心裡的所有怨恨不滿。

這聽起來像是一個不可能的任務，實則不然。我觀照自己的內心已經長達三十年，也熟知心理學和靈性修練，這些都給了我很大的助益。經過那次深層的原諒治療，之後連續七年我都能感受到上帝神聖的愛。

先有動機，再來是做出決定，這也顯示要完成一件事永遠要分階段進行。整個過程我雖然全心投入，但碰到個別的難題有時還是會卡住。

這種情況也能在婚姻中看到。你想要忠於婚姻的承諾，也決定這麼做，但關係中出現的問題卻可能引發衝突。假如關係不斷受到考驗，兩人又沒有改善關係的動機，想分開的欲望就會變得比想在一起的欲望還強烈。接著對婚姻的承諾就會瓦解，夫妻終有一天會決定結束這段關係。

決定原諒

有時候你在原諒的過程中必須有意識地做出原諒的決定。這個決定是意志的展現，是對你的最高目標所做的承諾，它將會帶領你通過危險重重的情緒波濤。當你認清憤怒派不上用場時，原諒之門便會向你開啟。一旦決定原諒，你就奪回了傷害你的人事物從你生命中偷走的力量。

有關決定原諒的問題

在你的筆記本上回答以下問題：

- 我願意面對這件棘手的事嗎？
- 我為什麼想要原諒對方？
- 我是否真的想要擺脫這件事對我的生命造成的負面影響？
- 是什麼阻礙我做出放下的決定？

被忽略的大腦功能

在高度電腦化的現代社會裡，一個常被忽略的大腦功能，就是直覺力。直覺通常被歸於右腦的功能，對原諒非常有幫助。[7]

善用你的直覺。練習原諒時，我們可以利用內在資源幫助我們療傷。對各種創意、智慧跟知識保持開放，是大腦能夠發揮高階功能的關鍵。直覺是我們與生俱來的能力，也有人稱之為第六感、預感、內在指引等等。歷史上很多偉人都曾經肯定過直覺的力量。有些人的直覺比其他人強，但這種能力人人皆有。

> 腦袋知道的事和能夠證明的事有其極限，但某些時刻它會躍上更高的認知層次，卻無法證明它曾抵達那裡。所有偉大的發現必定都有這樣的知識跳躍。
>
> ——愛因斯坦[8]

發明家愛迪生對人類直覺深信不疑，也經常利用直覺。據說當他絞盡腦汁思考問題時，他會試著在椅子上睡著，同時在心裡惦記著問題，手中抓著一把鑰匙。一旦他睡著，手中的鑰匙就會掉下去，把他吵醒。這樣他就能立刻記住自己夢到了什麼，通常夢中會有他正在思考的問題的答案。[9]

想要得到直覺，就必須願意嘗試新事物。面對明顯無法解決的問題或難題時，我們需要的是有別於一般思考方式的觀點，也有人稱之為「跳脫框架的思考」。

安靜穩定的環境和心靈，有助於追求這個充滿創造力的自我。對我來說，清晨時分、完全清醒之前，是直覺最常降臨的時刻。我的好友尼爾是建築承包商，他也會在清晨時設計建案或思考建築問題。（很多人說這個時段是冥想的最佳時刻。）他常因此發現前一天犯的錯誤和需要修正的地方。

在平靜安穩的環境下，立即反應和情緒化的大腦不再那麼活躍，才能輪到負責解決問題和掌管直覺的大腦上場。

練習原諒時，務必記得善用這種強大的助力。

西元前三世紀的印度聖哲帕坦伽利（Patanjali）如此解釋直覺怎麼運作，又為什麼會運作：[10]

> 當你受到偉大的目標或某個非凡的計畫鼓舞時，所有想法都會掙脫束縛，你的腦袋超越了極限，意識往四面八方擴展，你發現自己來到了一個神奇美妙的新世界。原本沉睡的力量、才能和天賦甦醒了過來，你發現自己遠遠超越了你曾夢想成為的人。

改變既有的思考習慣與內在經驗

抓著怨恨不放，我們就無法擁有平靜的思緒，更何況是崇高的力量。清晰的思考能力也會因為承受過度壓力而喪失。這時候大腦的生存機制和壓力反應可能掌控全局，使得理性思考無法發揮作用。

作者叮嚀：停下來，集中心念，有助釋放壓力。

三十多年前，哈佛醫學院的赫伯．班森博士寫了《哈佛權威教你放鬆自療》

（*The Relaxation Response*）這本書，幫助人們克服壓力和壓力所引起的負面效應，例如高血壓。他研究了世界各地的冥想者，把他們的方法納入自己的放鬆療法，幫助人們改善身心狀態及改變負面思維。[11]

大量的神經科學和認知研究，證實了心念和信念的力量。原諒的行動同樣扮演強而有力的角色。假如一個人的腦袋裡充斥著負面想法，他往往不得安寧，除非他正視這些想法，並一一將它們撫平。另一個方法則是透過持續的冥想，把心智提升到更高的境界。無論是哪一種方法，原諒都不可或缺。

「釋放力量的原諒步驟」也能達到這種境界。一旦擺脫受害者思維和自責的想法，我們就可以用更正面的觀點看待世界，在生命中享有平靜、喜悅和愛。但在這之前，要發揮內在靈性和生命潛能並不容易。

利用你的想像力

近年來的催眠研究很熱中於改變人們的內在經驗。《紐約時報》報導，「眼見不一定為真，因為眼睛所見取決於以經驗為基礎的認知架構，而這樣的認知架構隨時準備好要詮釋腦袋接收的原始訊息。」這句話等於重述前一章的重點。這篇報導指出，當被催眠的人回顧過去某個事件並更動其中內容時，大腦會把改變過的事件當成真實事件。這些人之後再回想起同一個事件時，腦袋竟然就把催眠時得到的新經驗當作是真的。[12]

我們早已知道催眠療法的這種效用，但現在總算有了科學的證實。而引導式冥想也能讓我們重新詮釋，甚至改變創傷經驗。杜蘭大學和佛羅里達州立大學教授查爾斯．費格利（Charles Figley）是創傷研究的先驅，也是綠十字基金會和創傷學會的創辦人。他認為視覺動態解離（Visual Kinesthetic Disassociation）催眠法確實能幫助人們擺脫創傷經驗。[13]

當你放鬆下來，深呼吸，想像自己在一個安靜祥和的地方，或許是海邊或山上，盡量把想像和感受變得逼真，那麼你的腦袋也會把它當真。這麼做，只要短短幾分鐘，就能改變你的負面思緒。當然，這個方法需要練習，但不用多久你就能真的放鬆下來，改變腦袋的既定想法。

瑪麗亞來找我的時候已經準備辭職。她哭著說：「我討厭我的老闆，大家都討厭他。」她無法原諒老闆當著其他員工的面對她說話不客氣。催眠時，我要她想像老闆跟她道歉，然後想像她原諒了他。我沒有要她原諒，只是要她想像，彷彿這件事已經發生。這個過程前後約二十分鐘，最後她覺得自己已經釋懷，不再排斥回去上班。一個月後她重拾工作熱情，也跟老闆相處愉快。

由此可見，想像力對原諒確實具有效用。雖然這個案例是透過催眠達成原諒，但你隨時可以自己試試看。最常見的用詞是「創造性想像」或「自我催眠」。任何人都有這種能力，只是需要開發和練習。

原諒的想像

這種想像的第一步，是停下來，然後放鬆。

- 閉上眼睛，盡可能放輕鬆。放下心中的所有煩惱，專注於讓身心平靜下來。
- 想像愛以各種可能的方式注入你的體內，或許是來自某個神聖的力量，或是任何你想到能把愛傳送給你的人，真實或幻想的人都可以。
- 當你覺得愛已經將你填滿時，開始想像傷害你的人。把愛傳送給他們（甚至你可以在心中擁抱他們），一直持續到感覺內在產生正面的變化為止。
- 你會發現給的愛愈多，感受到的愛愈多。
- 想像自己設身處地站在他們的立場，感受他們的生活。
- 想像自己原諒了他們。那會是什麼感覺？

這個練習能達到的效果會令你感到驚訝。我們腦中通常會有清楚的負面情節；然而，想像正面的情節才能安撫負面情緒。

正面肯定句

正面肯定句（positive affirmation）是一天裡重複對自己訴說的樂觀聲明。對自己重複說著這些有建設性的主張時，你也是在說服自己相信它們的真實性。深呼吸，放鬆，讓這些話語深入你的腦袋。正面主張或許最終會取代負面看法。記住，這就像重新油漆一面髒掉的牆。牆上的髒汙可能會再浮現。而原諒正是確保你腦中的髒汙不會破壞你的正面聲明和目標的關鍵。

正面肯定句和創造性想像的奧妙之處，不在文字或畫面本身，而是正向的意念。樂觀正面的情緒會帶你走出負面心態，並給予你信心，使你得以在腦中形成正面的話語或美好的想像。神奇的不是話語，而是令人振奮的感受。如果任由只顧生存的自我用負面情緒控制你的生活，你永遠無法實現自己想要的生活，因為原始的大腦和思維會占上風。

心理學所謂的認知治療，就是要破解你對自己訴說的負面聲明。通常你對這些自我評價或對他人的評價渾然不覺，因為它們是你從小到大根深柢固的習慣。它們就在那裡，在意識表層底下，挑剔你做的每件事。這種「負面的自我對話」破壞力十足，非改變不可，你才可能感到快樂和擁有原諒的能力。扭曲的思考模式只會毀了你的生活。

艾莉西亞來上課時，對她的小姑珍妮怒火難消，整天都在想著珍妮如何傷害她。她不只在腦中重播兩人的衝突，也不斷在心中重複負面聲明（「那個忘恩負義的……」），煽動心中的怒火。她的情緒完全失控，也承認她一直否定自己（「沒人在乎我」）。此外，她也開始在心裡責備丈夫。

這樣的模式就是心智的毒藥。負面的自我對話只會讓人往下沉淪。上完課之後，她終於能看清楚她對自己說的話並非事實，進而開始原諒。後來她把對自己和家人的負面想法，換上了正面的聲明。

追求正面的心態包含四個步驟與行動：

一、察覺你對自己訴說多年的負面聲明。

二、抓住每個機會戒除這個習慣。

三、用鼓舞人心的正面聲明取代負面聲明。

四、原諒自己和他人。

前三個步驟能使原諒的念頭站得更穩，因為你跳脫了處於壓力反應的大腦對你的掌控。這部分的大腦及其功能是為了應付危機，而不是體驗外在世界。假如你發現自己長期處於恐懼或憤怒之中而無法自拔，就表示你任由控制衝動反應的大腦結構主宰了你。按照上面的四個步驟去做。活出真正屬於你的生命。

重點整理

我在前面幾章指出了原諒必須具備的要素。底下是重點整理，每次練習時，務必牢記在心：

- **抱持最高目標**：保持想要原諒的動力。
- **找到原諒的意義**：善用你的核心價值或準則，如本章前述集中營的狂野比爾，或是艾咪．畢爾的父母在南非的善舉。
- **求助於他人和神聖的力量**。
- **全心投入**：找到原諒的意願、動機，進而做出原諒的決定。
- **感受情緒**：尋找表層底下的情緒。
- **尋找真相**：誠實面對，真相使你自由！

從一九六八年至今，我從事過各式各樣的諮商工作。在教導人們採取原諒步驟的多年實務經驗中，我發現運用從諮商過程中淬礪出來的智慧，有助於引導個案進行原諒。知道這些智慧的人不多，所以我稱之為「原諒的祕訣」，包括：

- 拆解事件與問題：針對問題或人，逐一進行分析。
- 利用你的直覺。
- 尋求他人的支持。
- 利用你的想像力。
- 回顧過往，尋找跟你現在正在處理的事件相同或類似的過去事件。
- 放下想要證明自己是對的欲望，接納謙卑之心。

跨越第五道關卡：

現在你跨越了第五道關卡。你知道哪些力量能使原諒更容易達成，並持續增強原諒的資訊和技巧。或許你甚至已經解開了原本的心結，正在處理其他心裡還放不下的創傷。

過程中，這些重點、祕訣和練習都會對你有所幫助。第九章會有「釋放力量的原諒步驟」的摘要，第十四章則會總結全部步驟。這些重點能幫助你理解所有方法如何互相扣合，以供你在任何情況下都可以使用。

原諒的行動也可以延伸到宗教領域，因為有時我們需要上帝伸出援手，幫助我們放下怨恨。接納更高的力量確實對處理心中怨恨有所幫助，尤其當怨恨的力量彷彿凌駕我們，使我們感到無能為力的時刻。

第八章　原諒的力量

用你需要的東西餵養自己。若你覺得內心一片混亂，就選擇平靜。

任何一個全心全意鑽研科學的人，到頭來都會相信宇宙法則間明顯存在一種遠比人類優越的精神力量。

——愛因斯坦[1]

原諒，是我們遭受重創之後還能重新找回愛和快樂的關鍵。根據我的親身經驗，放下心中所有的怨憎嗔（「釋放力量的原諒步驟」最終的目標），確實能開啟一扇門，讓我們跟愛、啟發，以及生命的創造法則，也就是療癒心靈的力量，產生全然不同的連結。

存在的核心

凡是人都有超越愛恨情仇的存在核心，古往今來的宗教上師皆曾明言，我自己也有過親身體驗。這個存在的核心超越自我，實現真我，可以帶來真正的心靈平靜。愛、和平和喜悅隨之而生，不再受外在環境牽制。從古至今，各個宗教都一再強調這個存在核心的重要。

宗教信仰不一定能夠提供你得以體驗這個存在核心的認知架構。一切繫於你能

放下虛假的自我——也就是受限於個人經驗的小我——到什麼程度

原諒之所以重要，是因為它能移除心靈的障礙物，為神聖的體驗清出空間。徹底原諒能夠帶我們走進這種心靈的體驗。若沒有先藉由原諒打掃心靈，神聖體驗當然也就有限。試想，愛要如何走進一個充滿怨恨、愧疚和不滿的心靈？

原諒的力量或許有各式各樣的呈現方式，但基本上就是真心與他人相互連結。甚至從生物層面來看也是如此，因為愛就是人體系統內建的功能。科學家艾瑞克．詹齊（Eric Jantsch）在《自我組織的宇宙》（*The Self-Organizing Universe*）中對生命系統做了深入的研究。他告訴我們：「打從最初細胞聚集組成原始的有機體開始，生命就擁有為群體超越自我的能力。」[2]這就是愛的本質。

對我而言，愛就是我們心中對他人及對生命本身的善意、仁慈和悲憫。愛或仁慈是很多宗教的核心關懷。愛從我們身上延伸到他人和外在世界，甚至可以說，愛是生命之所以如此獨特的根本要素，也是生命之所以在「利己」或「利他」之間不斷拉扯的主要原因。超越自我是原諒不可或缺的一部分。

我們必須被愛的終極形式拯救，那就是原諒。

——萊因霍德．尼布爾（Reinbold Niebuhr）

愛對靈性健康至關緊要，是我們最強大也最重要的感受。我所謂的「靈性」是指超越身體、心理和情緒的基本運作與功能的生命層次。專注於這個層次的生命，不只能為生命找到目標和意義，也幫助我們解脫身體和情緒上的桎梏。所謂宗教就是一群人有系統地為了解釋和喚起靈性體驗及觀點所做的努力。[3]

生命法則

雖然以上幾段談的我們對神聖或崇高力量或上帝的認知，但是這類經驗其實來自日常生活。就算是沒有宗教信仰的人也理解真誠、仁慈和關愛的意義。

當我們違背愛與生命的法則時，心裡會產生罪惡感。這份罪惡感使我們跟內心和周圍的至高價值愈離愈遠，甚至遠離自己的最高目標，不再能感受到過去的喜悅或平靜。放下罪惡感是我們重新找回生命法則，進而重新體驗愛、喜悅和平靜的途徑。這也是我們必須原諒的原因：為了重拾生命喜悅的終極力量。

> 你們要先求他的國和他的義，這些東西都要加給你們了。
>
> ——《馬太福音》第六章第三十三節

若沒有愛作為生命和心靈的根基，我們會更容易屈服於不幸、失去和匱乏，生命因此變得黯淡無光，甚至痛苦難耐。

原諒他人和自己為什麼具有如此神奇的療效，道理很簡單。人的情緒和反應雖然複雜，但我們的生存機制底下其實是一顆純淨正直的心。我相信這是人類的本質，也是原諒之所以力量強大到能改變生命的原因。

原諒他人或得到他人的原諒能讓我們的心智發揮最高的功能。相反的，哪怕只是一個不仁慈的舉動，都會啟動大腦的原始反應，引起罪惡感。這就是原諒發揮效用的基本原理。透過原諒，我們能夠重新找回真實的自己和存在狀態，新皮質又能恢復完整的功能。

小馬丁．路德．金恩曾說：「我們必須培養和維持原諒的能力。人一旦失去原諒的能力，也就失去了愛人的能力。」

我的重生經驗

一九九三年跌到人生谷底時，我清空了心中對他人和對自己的怨憎嗔，此後多年我都能感受到豐沛的愛在體內流動。經過那次的重生經驗，我發現要是沒有先清除心中的憤懣，我不可能敞開心房去愛他人和生命本身。那些負面情緒可能來自新聞報導、政治人物或令我生氣的事件。為了不讓愛的體驗離我而去，我每天晚上或早上都會特別花時間打掃自己的心靈。

重生之後過了七年，我碰到了第一件讓我難以原諒的事，因此失去那份愛的體驗長達四個月，直到我全心全意原諒自己怨恨的那個人，愛的感受才又重回心中。這二十五年來只有三次，我必須花超過一兩天的時間重新找回愛的感受，而且每一次沮喪、憤怒和絕望都會重新浮現。然而，每當我終於能夠原諒時，生命就會立刻反轉，愛的感受也會再度湧現。最近一次（幾年前），我花了八個多月整理自己的情緒。現在我知道假如有人強迫我把所學所知寫成一本書，我一定能更快撫平內心怨恨，只可惜當時我的自我太過強大，把大好機會拒之門外。

二十多年過去，愛在我心中成了持續不斷的體驗。我大可針對這個結果提出宗教上的明確解釋，但這麼做並無必要。實際上，愛之所以存在，是因為那就是擺脫怨恨的生命自然而然的結果。如果我可以，相信所有人都可以，只要你徹底清空心底的怨憎嗔和批判心。這個任務雖然不容易，卻能帶來滿滿的收穫，保證你心滿意足，大呼值得。

有個牧師告訴我，唯有聖人能達到這種境界。我離聖人差得太遠，但那種愛的體驗比什麼都要令人滿足，隨便問一個戀愛中的人就知道。因此我願意竭盡所能保有這份愛的感受。

要保有愛的感受，首先，我們必須利用正念覺察心中的怨憎嗔，然後專心地將它們清除。我發現大多數人都不願意做這種內在功課，寧可大費周章證明自己是對的，也不想要快樂。別擔心，從這本書你就能學到保持內心澄淨的技巧。清空所有怨憎嗔之後，每當心中出現新的怨念或批評，你就能馬上察覺，因為它們沒有被淹沒在怨念之海裡，所以一目了然。因此我鼓勵大家保持一顆澄淨的心，這樣不只能體驗源源不絕的愛，也有助於快速找到阻擋愛的怨念。

怨念就像擋住陽光（愛）的樹木。走出層層樹木（怨念或批評）或是把樹給砍掉，我們就能重新感受到陽光。這種經驗在鬧情緒的情侶或夫妻之間常會看見。憤怒、受傷和難過往往擋住了過去曾有的愛，甚至讓彼此惡言相向。但只要解開心結，清除怨念，向對方表達歉意，原諒就會發生，愛也會復返。

我有個年長的女性友人有次去律師事務所找律師，在等候室時跟一對郎才女貌的年輕夫妻聊了起來，才發現兩人是去離婚的。他們的婚姻觸了礁。我的朋友熟知原諒步驟，也對其效力深信不疑。於是她當場開始幫助那對小夫妻清除心中的怨念，說服他們相信原諒能修復兩人的關係。最後小倆口還沒見到離婚律師就手牽手走出事務所。愛改變了他們。

> 沒有其他心靈力量比原諒敵人和為他們祈禱的力量更大。這麼做之所以能激發強大的心靈力量，是因為那就是愛。[4]
>
> ——喬爾・戈德史密斯（Joel Goldsmith），心靈導師

最健全的心理狀態

要進一步了解這種反映真實自我的正面心理狀態，可以想想以下例子。想像你的心智像是放在桌上的一條大橡皮筋，很放鬆，充滿了成就感、仁慈和愛，毫不緊繃。想像你在這樣的心理狀態下生活。因為內心澄淨又真誠，日常生活平靜自在，工作也有更好的表現。

可是假如你開始用力拉扯那條橡皮筋，它就會變得緊繃。以人來說，那種緊繃感可能就是你心中的怨恨或愧疚。如你所知，就算只有一點壓力都會壓縮橡皮筋圍起來的空間，而那就是你實際的存在方式。橡皮筋繃得愈緊，你就得花愈多力氣固

定它。換句話說，那股壓力只要解除，你的心智就能回復自然狀態——一個充滿成就感、力量和愛的澄淨空間。

自古以來原諒就是一種強大的力量。根據我的經驗，它開啟了自我修復之路，而且是透過遠比只顧存活的自我更強大的源頭所展開的自我修復。這個源頭有許多稱呼，包括愛、自然、上帝、阿拉、偉大的靈魂等等。無論何種名稱，那就是啟動我們的最高理想或目標和最大潛能的力量。放下過去的仇恨、創傷和痛苦，我們便釋放了心中的壓力，因此又能感受到至高的力量，站在更快樂、更有創造力、更滿足的層次上發揮自己的能力。

你可以依照以下方法滋養你的心：

一、把心中的煩惱放到一旁，放鬆下來，從頭到腳一一把緊繃的感覺放掉。
二、覺察你心中感受到的愛。增強愛的感受，感覺它從你體內延伸到房間。
三、感覺它自然而然從你體內蔓延到身旁或周遭。
四、把那股愛延伸，充滿你居住的城市，以及城市的四周。延伸到你愛的人、其他人、草木、鄉間、其他城鎮，直到附近所有區域都被愛圍繞。
五、讓它充滿你的國家，再來是其他國家。
六、感覺那股愛充滿這個世界，還有這個世界上的每個人。

七、想像你傳遞的愛滋養了世界萬物。
八、準備好了，再回到原點。

真正的療癒

如果你腿上的傷口有髒汙，除非把髒污清除，否則傷口就不會癒合。或許你的外表看起來沒事，功能也正常，但傷口要完全癒合就得把污垢清掉，疤痕也需要時間才會消失。同樣的，只要清除內心的怨恨，雖然過去的記憶還在，但創傷終究能慢慢癒合，不會泡在憤怒或愧疚中潰爛化膿。

如果你用祈禱、正面肯定句或冥想來處理心中的怨恨和愧疚，正面心態很快就能掌控全局。這就像必須先清除傷口上的髒汙，傷口才能癒合一樣。一旦移除心中的怨恨，療癒就開始了。若是沒有，正面肯定句、祈禱或冥想就必須持續進行。傷口上的髒污只會阻礙復原，蒙蔽你的最高目標。

藉由冥想幫助自己原諒及重生，我達到了相當不錯的心理狀態。我甚至還教人冥想，因為我從十六歲就開始嘗試冥想。我的心比過去平靜和清澈很多。原諒之前要獲得心靈的平靜很難，但藉由冥想我做到了。

這種療癒經驗依循的是心智的基本運作原則：腦中的想法不可能同時往相反方向跑，想去哪裡就去哪裡。怨恨、愧疚、憤怒和恐懼會把心智帶往跟愛、幸福和平靜相反的方向。除非你願意放下怨恨和恐懼，否則深層的改變難以發生。

我相信愛是人的本質，推而廣之，愛就是大腦的最高功能。當我們放下內心所有的怨憎嗔，心智就發生了轉化，愛、平靜和喜悅也會源源而來。確實如此，當它發生時，你對一件事的正面觀點便會自然浮現。原諒的最終目標就是改造你的思考模式，讓愛、喜悅、平靜、耐心、仁慈、正直、忠誠、和善和自制，隨時隨地觸手可及。

> 回顧我們時代最有影響力的人的一生，你會發現他們有個共同點：這些人都是先找到精神的歸屬，其次才是身體的。
>
> ——愛因斯坦[5]

原諒的重點因此是：你把心放在哪裡？你希望它固定在那裡嗎？這樣的覺察就是正念的核心。這方面有幾個現成的原諒技巧可以幫助我們：

- 專心想著愛，把這份愛傳送給你想原諒的人，也可以同時傳送給自己。

- 為他們和你自己祈禱。
- 如果你想要的是心靈平靜，就專心想著平靜，把平靜傳送給他們和你自己。這些行動都是清除心中怨恨、得到正面感受的方式。用你需要的東西餵養自己。若你覺得內心一片混亂，就選擇平靜。

> 所以你們要彼此認罪，互相代求，使你們可以得醫治。義人的禱告所發的力量是大有功效的。
>
> ——《雅各書》第五章第十六節

十二步驟課程

十二步驟課程是由匿名戒酒會發展出來的方法，目的是幫助成員擺脫成癮、衝動或其他有害行為對生命造成的傷害，恢復身心靈的健康。[6] 其中有幾個步驟可以說都把「原諒」當作核心。

匿名戒酒會的大書中說：「要是你心中有想擺脫的怨恨，為你怨恨的人或事禱告，就能得到解脫。在禱告中請求上帝把你想要的一切賜給他們，你就自由了。祈求他們健康、成功、幸福，你就自由了。即使你不真的如此希望，禱告只是說說而非出自真心也無妨。每天為他們祈求，持續兩週，你就會發現自己開始真心想要他們好，過去感受到的憤怒和怨恨，如今變成了同情、理解和愛。」[7]

只要進行十二步驟的前三個步驟，對於各種成癮問題都能發揮效力。

- 我們承認自己無法抗拒酒精／藥物／其他成癮物質，也無法掌控自己的生活。
- 我們相信有比自身更強大的力量能幫助我們恢復理智。
- 我們決定要把自己的意志力和生命交由上帝看顧，因為我們信任上帝。

正面心態

正面看待生命有助於平撫負面情緒。對任何人事物耿耿於懷，則會讓敵意在心中生根。因此，若要禱告和渴望得以實現，必定要有原諒。

如果你一直對某個人心懷怨恨，但又希望生活喜樂，不啻是認為並相信你能把心切成兩半，一邊怨恨，一邊還想要快樂。但這終究是不可能的事，這麼做就等於排除了擁有喜悅、平靜且充滿愛的人生的可能。

澄淨的心智和心靈更能體驗生命的神聖本質。一旦清除生命中的負面雜質，你就會重新建立正面的思考模式。

所以，你在祭壇上獻禮物的時候，若想起弟兄向你懷怨，就把禮物留在壇前，先去同弟兄和好，然後來獻禮物。

——《馬太福音》第五章第二十三到二十四節

安立奎是我的老朋友，這幾年他變得愈來愈消極負面。他不喜歡自己居住的地方，即使大多數人都覺得那是個好地方；他對家人不滿，也交不到朋友。我說服他嘗試「釋放力量的原諒步驟」，他很認真審視內在，也把我的話放在心上。不到一個月的時間，他跟妻子的關係就變得比過去幾年都好，跟家人的溝通也更順暢，他甚至比以前更喜歡自己居住的地方。

從創傷中找到正面力量

絕大多數人都面臨過生命的重大考驗。我們常會被困在裡頭停滯不前，因為從中看不到任何希望。這時若能找出創傷打擊的正面力量，對原諒會大有幫助。

然而，要如何從負面事件中找到正面的觀點呢？就像學習原諒一樣，你可以把整個過程拆解成小單位，從小事情開始。古諺有云：「時間會治癒所有的傷。」回顧創傷，從負面經驗中找出值得感謝的小事，能夠加快療癒的過程。

建議參考約翰・卡斯塔尼尼（John Castagnini）所編的《感謝上帝：鼓勵人勇敢面對日常考驗的故事》（*Thank God I...: Stories of Inspiration for Everyday Situations*）這本書。裡頭收錄了許多人從人生最大難關中找到正面力量的故事。

感恩之心

抱持感恩的心是引發改變的強大方法，而且隨時都能發揮功效，每天都能給人心情好轉的機會。

日本第三大宗教「生長之家」非常重視「感恩」這項美德。創始人谷口雅春在一九二〇年代得到神啟之後開始到處授課，對大眾宣揚能深化靈性體驗的三大美德——感恩、原諒及和解。他幫助很多人把這三項美德注入心中。數十年來，信眾們把很多奇蹟歸功於他帶起的感恩和祈禱練習。

正向心理學是心理學界發起的一項運動。因為這項運動，心理研究終於把焦點轉向人類心智的高階功能，不再只是專注於負面的病理學。

某個正向心理學研究團隊彙整了一百多種得到快樂的方式，遠有佛陀，近有潛能開發大師安東尼．羅賓（Anthony Robbins），並從中找出真正有用的方式。他們發現，得到快樂最有效的一個方式，就是每天懷抱感恩之心。參與研究的人每晚寫下一天發生的三件好事，大事小事皆可，持續一週。此外，他們在寫下的每件事旁邊要回答：「這件好事為什麼會發生？」三個月後，這些人比對照組快樂很多，也比較少覺得心情低落。[8]

第三封信：感謝信

實務上，調解人會利用上述的方法避免協商雙方起了報復心，或平復雙方尋仇的念頭。但我們不會隨時都有調解人、諮商師或中間人可以求助，這時就可以藉助第六章提過的三封信的力量。之前你已經寫過「對質信」和「答覆信」。第三封信則是「感謝信」，你現在要寫的就是這封信。假如你無法原諒的人有很多個，那就個別進行，一次一封感謝信。

感謝信的靈感有部分來自於安哲莉．亞立恩博士（Angeles Arrien）的《放手的力量》（*Honorable Closure*）。[9]她本身是文化人類學家，也是得獎作家、教育家及企業顧問，多年來都是我的良師益友。人類擁有跨越宗教和文化的共同點，強烈推薦對此感興趣的人可以去看她的書。

在這個階段，寫一封感謝信給你想原諒的人。在信中寫下他們對你的幫助，以及你對他們的感激。放下負面情緒，它們不屬於這封信的內容。

一、感謝這些年來你從他們那裡得到的禮物。

二、如果可以，告訴他們你從中獲得的心理、情感或心靈的成長。

三、謝謝他們給你學習的機會，感謝他們在你生命中曾經扮演的角色。

四、若是你對他們曾經有愛，假裝你還感受得到這份愛，回想過去你喜愛他們的地方。

五、欣賞他們的優點，寫下你讚許的事。

六、他們如何鼓舞了你？

七、寫下你付出和收到的愛。

八、感受身體上的變化。寫下你的發現。

一開始感謝對方時，你可能需要「假裝做得到」，但總有一天你會真的成功。

而當你發現自己故意或無意間造成的傷害時，你可以寫下你的道歉。

過程中你或許會肯定對方的能力、個性、人品、外表、力量，以及你欣賞他們的地方。

若是你能看出自己可能也做了跟他們類似的事，就會更容易萌生同情和謙卑之心，這時候原諒可能在一瞬間發生。而下一個挑戰就是原諒自己。

不要寄出前兩封信，但你可以考慮寄出這封感謝信。

這讓你想起什麼事？把它寫下來。

珍妮寫了封感謝信給對她施暴的丈夫。一開始她感謝他讓她有勇氣說不、遠離家暴。後來她想通了他為了給她一個漂亮的家有多麼努力工作，甚至犧牲了自己。發現兩人之間曾有過的愛，她潸然淚下。

作者叮嚀：我要在這裡重提第一部的提醒。當暴力關係中的愛重新浮現時，受害者可能覺得獲得療癒而回到施暴者身邊，並因此再次受傷。切記，原諒對方，也要照顧自己，為傷害立下界線。

如果現階段寫這封信對你來說太困難，那就等到適合的時機再進行。這裡的重點是：意識到感謝在任何情況中的可能性，因為裡頭藏有給你的禮物。

從內在洞見眞相

一旦你承認自己可能不知道一件事的全部真相，你就開啟了自我反省的大門。舉例來說，你可能並不知道上帝安排這件事的目的，或你能從中學到的教訓。你也可能並不知道從他人眼中看到的事實。

除了基本的直覺，大多數的人都能分辨是非對錯。我曾經為傷害他人卻覺得理直氣壯的人做過諮商，當他們深入內心，坦誠面對自我時，都會願意承認自己多少知道自己是錯的。拒絕誠實面對自我，到頭來只會害自己陷入混亂和愧疚之中。內心的是非對錯就是我們的良知。透過良知發現的真相使我們意識到，唯有誠實面對自己，療癒才可能出現。藉由內在的良知，我們就能化解難以原諒的事件所造成的內心混亂。

這種內在力量是仁慈而睿智的，不會一味地歸罪指責，甚至可以稱之為慈悲之心。它隨時都在，卻不掌控你的行動。它隱而不顯，卻會給人「這就對了」的那種感覺。假如你感受到的不是愛、平靜或喜悅，那麼你就是聽從了悲觀的、只顧存活的自我。激動、焦慮和恐懼都是沒有善用內在良知的跡象。

筆記本練習：

- 我準備好誠實地面對自己和自己的回憶了嗎？我能夠保持客觀中立嗎？
- 我能夠完整如實地面對問題，不省略或加油添醋嗎？
- 我準備好誠實面對自己在這件事中扮演的角色嗎？

原諒是付出愛的一種方式。那就是對人說：「我願意放下你對我造成的傷害，不對你懷恨在心，而且無論如何還是繼續愛你。」

——伯尼．席格爾博士，《生活處方》

第九章　面對心中的怨憎嗔

原諒某個人不是你最後的目標，原諒自己才是。

這一章是前面幾章提出的步驟的重點整理。雖然沒有包含全部的「釋放力量的原諒步驟」，但也能幫助你在原諒過程中有長足的進展。

必須記住的重要步驟和行動

面對你想要原諒的人事物時：

一、做出適當的選擇

避免一開始就讓自己覺得難以承受而無法繼續下去。從一件事或事件的一部分開始。或許是團體中的某個人，或是跟某個人的一段過節。

二、確認自己的意願

你願意面對心中的怨憎嗔嗎？

如果不願意，就換另一件你願意面對的事。願意是必要的，因為那是你許下的承諾，將會帶你走上原諒之路。

原諒一旦展開，你就會願意面對更難解的問題。不需要一開始就給自己太難的挑戰，選擇你願意面對的事情即可。

三、專注於激勵你原諒的動力

是什麼讓你想要原諒？

練習原諒時的一大重點，是保持想要原諒的動力。你必須要有值得你努力的理由。這個理由能帶你克服內心自然萌生的抗拒。激勵你的動力可能是心靈上、情感上，甚至身體上的。

動力是做任何事最有效的起點。動力愈強，成功的可能性愈大。

原諒的第一階段，就是點燃或重新點燃你心中對原諒的渴望。一開始，你的心在動力的驅策下深入了解原諒的本質，之後它將帶你跨越過程中可能出現的各種情緒阻礙。

四、有效地處理情緒

想到那件事的時候，你有什麼感受？

處理情緒可以避免「虛假的原諒」。當感受轉為正面時，原諒就發生了。以下問題有助你檢視自己原本的心態：

- 想起對方時我有什麼感受？悲傷、沮喪、憤怒、無感、愧疚、受傷、焦慮？
- 除了最明顯的情緒，有沒有其他情緒藏在底下，或與主要情緒混雜，比方尷尬、難堪或丟臉？
- 我願意面對這些情緒，不要逃避嗎？
- 當時我害怕會發生什麼事？如果現在選擇原諒，我又害怕什麼？

五、釐清你的需求和別人對你的虧欠

要記住，我們對「原諒」的定義是指：放下你覺得別人對你有所虧欠的感覺，就像是免除別人欠你的債務。

- 他們因為對你造成的傷害而虧欠你什麼？

• 你需要對方怎麼做或得到什麼結果才會滿意？

有些人需要對方接受法律制裁才甘心，有些人就算看到對方賠上性命也還不滿意。因此，學習原諒的第一個問題是：對方欠你什麼？

而底下的問題能幫助你進一步釐清：

• 我願意考慮不追究損失的可能性嗎？
• 既然一心盼望對方賠償我的損失根本不切實際，繼續記恨值得嗎？
• 我可以為了得到心靈的平靜而放下怨恨嗎？

六、檢視持續抱持負面想法的實際後果

這部分不需要太花時間就能完成。想想看：

• 一直記恨能讓我得到什麼？把所有好處寫下來。誰從中受益又如何受益？
• 證明自己是對的比快樂更重要嗎？

有時候你並未察覺心中的怨恨影響你多深。可以藉由以下問題自我檢視：

• 我從怨恨中得到了什麼？把壞處寫下來。
• 我最親近的人因為我心懷怨恨而受到什麼影響？

• 放下怨恨能增進我生命中的愛、平靜和喜悅嗎？

檢視受害者心理：

• 我把自己當作受害者多久了？
• 我能忍受由別人掌控我的快樂多久？
• 問題會發生，有沒有可能我也有責任？而不只是單純的受害者？

七、處理內心對原諒的抗拒

人們之所以無法原諒，往往是因為對原諒的本質有所誤解。本書第三章列出有關原諒的迷思，在此再次提醒，確保這些誤解不會阻礙你往前邁進。

切記，原諒不是縱容錯誤的行為、合理化別人對你的傷害，或是打不還手、罵不還口。原諒不一定要跟對不起你的人和解，也不是反正「眼不見為淨」就算了。原諒不需要道歉，也不需要對方還在世，或是跟你還有接觸交集。對方值不值得你原諒並不重要。原諒不是認輸，也不是擺脫一件事的簡單方法，更不是逃避責任。

假如以上任何一個迷思影響你原諒的決心，就再回頭複習第三章的原諒迷思。

做出原諒的決定

有意識地做出原諒的決定。這個決定就是意志的展現，不只具有完整的目標，還是實現最高自我的堅定許諾。你隨時隨地都可以做出原諒的決定。

你或許會問：

- 我可以這一刻就為了自己而決定原諒嗎？
- 即使對方不值得我原諒，我還是可以決定原諒，把這麼做當成是對自己和他人的仁慈嗎？

一旦你決定原諒，就要把全部的原諒步驟完成。原諒某個人不是你最後的目標，原諒自己才是，如果你想永遠擺脫心中的仇恨的話。

作者叮嚀：當你決定原諒且感覺情緒獲得釋放的次數愈多，下一次就更容易選擇原諒。如此一來，原諒便會更快發生，因為做出原諒的決定對你來說變得更容易，你可以更快放下負面的情緒。對不了解什麼是原諒的人來說，這樣的速度看似不切實際。但原諒愈多次，你會愈上手。一再識破腦中的負面思考模式，看出這種模式在不同的事件中如何阻礙你原諒，你對類似狀況的理解就會增加，也就更有可能做出原諒的決定。

回答以下的關鍵問題：

- 學習原諒時，我有沒有花些時間放鬆、冥想，或思考自己的最大潛能？
- 我聽從的是最崇高的那個自我嗎？
- 我人生最大的目標是什麼？這個人或這個事件的存在，或者他們對我造成的影響，是否阻礙我實現目標？

事情是好是壞，全由想法定奪。

——莎士比亞，《哈姆雷特》

現代版的說法是：一個人眼中的糟粕，是另一個人的寶藏。

第三部 爲什麼我們會抗拒原諒？

沒有接納和寬恕，我們就無法愛；寬恕的經驗愈深刻，愛就愈強大。

——神學家保羅・田立克（Paul Tillich）

第十章　徹底的原諒

信任和信念需要我們與最真實的自己連結。
而原諒自己對排除這段旅程中的障礙尤其有用。

大家都會抱怨自己記性差，但從來沒人抱怨自己判斷力差。

——弗朗索瓦・德・拉羅什福柯（Francois de la Rochefoucauld），法國作家

小說、電影和各式文化中的報復情節總是大快人心。英雄人物不會原諒作惡多端的壞蛋，勢必會懲奸除惡，為奉公守法的好人恢復社會秩序。正義得以伸張，壞人得到應有的懲罰，這有什麼問題嗎？問題在於，所有衝突都有互相對立的兩面。為了公平起見，正義必須在控制得宜的情境下實現，例如司法體制。

當我們根據自己的是非觀念去評斷或攻擊他人時，永遠都有誤判事實的危險，政府機關也不例外。只要是跟人際互動和行為有關的事，我們就很難掌握全部的資訊，做出有充分依據的推論，而且難免會受到情緒影響。世界上很多戰爭之所以爆發，都是為了報復或羞辱對方，根本缺乏正當的理由。

抗拒原諒的各種藉口背後，隱藏著原諒的真相。探索你的迷惘和抗拒不但能增進生活品質，也能提高原諒的能力。而同理心就是願意去同情和理解一個人，將心比心。這樣的理解加速了原諒的過程，原諒也才能持久。

在原諒治療的課堂上，我發現探討阻礙原諒的內在因素有其必要，而且唯有坦然面對這些因素才能讓人徹底原諒。在理解的過程中，最重要的是接受每個人待人

處世的方式和價值判斷都不盡相同。追求真相時，我們則必須更深入探索人類的反應及其造成的影響。

如同愛因斯坦所言：「人類只是我們稱之為『宇宙』的一部分，受限於時間和空間。他體驗到的自我、想法和感受都與世界萬物分開，是他意識中的某種視覺幻影。這個幻影對我們來說是一種牢籠，把我們的渴望和情感侷限於身邊最親近的幾個人。我們必須擴大自己的同理心所及的範圍，接納渾然天成的世界萬物和大自然。雖然沒有人能完全做到這一點，但努力過程本身就是解放的一部分，也是獲得內在安全感的基礎。」[1]

要培養放下種種執著的能力，你必須了解大腦的運作機制除了能保護你，也會引發問題和妨礙原諒。由此，你就會更加理解自己和他人的行為模式為何都不相同。有了這些知識當作後盾，原諒對你來說會變得直接又輕而易舉，這也是本書第三部的目標。

如何避免大腦的壓力反應凌駕思考和創新

要掌控自己的思緒和想法並不容易，必須下點工夫才行。人每天都在犯錯，大錯小錯都有。我們需要「原諒」作為社群和人際互動的潤滑劑，否則我們和周圍的人就會吵成一團。

大腦的功能是對刺激做出反應。這個反應系統對我們會造成多大的影響，取決於我們所面臨的壓力，以及我們對控制這類強烈反應的經驗。

第五章闡釋過，我們必須置身在平靜安全的地方才能夠進行原諒。有很多方法有助於避免這種原始的大腦反應取得主導權，例如冥想、禱告、沉思及其他減壓技巧，比方赫伯・班森提出的「放鬆反應」（Relaxation Response）。

作者叮嚀：你不可能每次都能控制身體和腦袋的壓力反應，但有了這些認知，再加上練習，就能減少壓力反應對生活所造成的影響。

尚未學會控制壓力反應的人，壓力一大就容易失控。有些人終其一生都沒學會處理壓力的有效方式。這需要大量的練習。把監獄裡還沒學會控制壓力反應的犯人放回街上，遲早會造成悲劇。但我要提倡的不是懲罰犯人，而是訓練他們管理壓力和改過自新，以及學習原諒。若能完成這些訓練，相信他們會徹底轉變，犯罪率也會跟著降低。

我很鼓勵有暴力傾向的人學習面對自己憤怒時的反應，避免再對他人或自己造成危險。若非如此，暴力行為和失控反應就會一再發生。

作者叮嚀：改變負面的行為模式很困難，因為它們往往跟早期獲得滿足和安全感的經驗有關。若要改變成功，你必須確定自己也能從新的行為模式中得到滿足和安全感。要是你在建立新模式時對自己很生氣，不但沒有得到快樂和滿足，還給了自己壓力，就很難達成目標。

舉例來說，你想學騷沙舞，那麼之前學過的舊舞步可能是助力，也可能是阻力。不管學什麼舞，除非抓到節拍和韻律，不然你就會覺得卡卡的，所以打好基礎很重要。一開始不用貪快，在理解和舒服自在的基礎上慢慢累積進步，恐懼和焦慮只會阻礙進步。

理解人類的壓力反應可以幫助你看清原諒之所以如此困難的原因，以及為什麼有時我們會激烈反擊，有時又會豎起防備。

前面提過原始的大腦壓力反應可能會奪走新皮質的主控權。底下是這種「接管主控權」發生的指標。當一個人承受過大壓力，大腦的高階功能大幅退縮，下列問題就會出現：[2]

- 容易分心，靜不下來。
- 欠缺決心。
- 不易控制衝動。

・慣性遲到，時間管理差。
・缺乏條理，習慣性拖延。

我們很難期待自己或他人在以上這些壓力跡象出現時還能正常反應。檢視你無法原諒的人事物，看看你能否不被它影響，改以旁觀者的角度看待自己。從以下觀點試試看：

・你認為過去有什麼經驗使你對這件事耿耿於懷？
・想想為什麼你會有這樣的感受。

有時候你很快就會看清楚藏在表面底下的真正原因，有時要過幾天你才會突然間想通了。這裡的目標是藉由深入了解你對某個人事物無法放下的原因，讓你能夠區分你和你的反應。

阻礙原諒的防衛機制

為什麼看見你弟兄眼中有刺，卻不想自己眼中有樑木呢？……你這假冒為善的人！先去掉自己眼中的樑木，然後才能看得清楚，好去掉你弟兄眼中的刺。

——《馬太福音》第七章第三、五節

我們大聲譴責別人的事，或許就是自己正在犯的錯。莎士比亞早在幾世紀以前就曾在《哈姆雷特》中如此暗示：「那位女士在我看來愈描愈黑。」耶穌要人先去掉自己眼中的樑木，再去掉鄰人眼中的刺，這個教誨正好道出了原諒的最大阻礙——我們的防衛機制。

一件事如果太難以面對，我們腦中的防衛機制就會跳出來保護我們，但我們對這種防衛性的反應渾然不覺。它們就跟大腦壓力反應一樣，埋藏在意識底層，所以才會一直給我們惹麻煩。

面臨壓力或犯錯時，我們常用這樣的防衛機制來應對。此時，掌管道德感並奮力與現實對抗的腦區會努力安撫大腦的壓力反應，避免它失控，但我們還是常會做出讓自己後悔的決定或行動。為了維持自我感覺良好以及保持自己的道德高度，這時候替自己的欲望、錯誤和行為辯解的機制就會上場了。

我看過有人因為理解且意識到阻礙原諒的潛意識機制，所以能夠有效地達成原諒的目標。這些所謂的「自我防衛機制」有時可以揭露事情的真相；而唯有看清真相，我們才能夠徹底的原諒。雖然這些防衛機制多半潛藏在意識底層，但有些可以透過專注／正念而被看見和化解。化解防衛機制的關鍵不僅是意識到它們的存在，還要能夠原諒和放過自己。

藉由了解自我防衛機制的基本原理，我們：

- 理解了抗拒原諒的深層原因。
- 找到使原諒長久延續的方法。

兩大自我防衛機制

自我防衛是一種心理機制，目的是為了讓我們自己覺得比較好過，甚至合理化自己面對壓力所做出的負面反應。當自我防衛的機制啟動時，我們不會立刻處理並平撫自己的反應以避免犯錯或衝動行事，反而是建立一個繁複的系統來合理化自己的行為，假裝沒事以免心理難受。這時候若能先安撫大腦的壓力反應系統，果斷做出決定，我們就會好過一些，停止把謊話往潛意識裡塞。然而，要做到這一點很難，因為自我防衛的機制通常會在我們遇到困難時立刻啟動，而且從童年就已經形成這樣的模式。

有兩大自我防衛機制與無法原諒密切相關。一種是把痛苦或難受的想法、事件或渴望深埋在意識底下。這種鴕鳥式的自我防衛有許多細微的差別和名稱，例如否認、壓抑、抑制、解離。為了方便，我用「否認」來指稱這一類「把痛苦藏在內心深處」的自我防衛機制。

另一種自我防衛機制則稱為「投射」或「轉移」，也就是把難受的想法移到他人身上。先把想法推給其他人，然後否定自己跟它有任何關係。這麼做的典型結果就是指責和尋找代罪羔羊。我用「投射」來指稱這一類把負面想法或行動推給別人、撇清跟它們有任何關係的自我防衛。

耶穌告誡人要先除去自己眼中的樑木，再除去鄰人眼中的刺，指的就是這兩種潛意識的自我防衛。「投射」發生時，我們會否認自己的失敗，卻一眼就看出別人的缺失。

泰德自認是個誠實的人並以此自豪。然而，有時他會對妻子謊報他們的存款，因為他的收入不如他期望的那麼高。由於無法對妻子坦承自己騙了她，每個月收到銀行對帳單時他就會指責銀行不老實。可悲的是，他相信了自己的謊話！

藉由「投射」，我們把扭曲的事實當真。希特勒把德國在一戰之後的問題歸咎於猶太人，甚至得到好幾百萬人的認同。怪罪他人比承擔責任容易。這種心理機制源於人類原始的大腦壓力反應，背後的心理其實就是尋找代罪羔羊。

徹底的原諒

面對與卸下自我防衛機制，一個勇敢又有效的選擇，是原諒自己。原諒自己跟「否認」和「投射」無法共存。選擇原諒就是不抗拒情緒上的痛苦，願意誠實地面對情緒和相關的事實。把負面情緒轉為正面，甚至是鼓舞人心的情緒，專注於避免傷害，而不是把傷害烙印在心上。這就是徹底原諒的途徑。可惜的是，心理學把原諒推給宗教領域之後，就忽略了它超過一個世紀。

為心懷各種怨恨的個案進行諮商時，我常會觀察他們如何把對自己的不滿投射到別人身上。而一旦他們知道這樣的內心投射，並原諒自己對自己的不滿，也就排除了把不滿投射到他人身上的理由。面對潛意識的投射並原諒自己，是放下對他人的怨恨最快的方式之一。

要特別強調的是，這裡針對的是長期以來的怨恨不滿，而不是你無法掌控的創傷，例如強暴、其他暴力行為或恐怖行動。

這種方式是進階版的練習，我見過它發揮功效。（如果你是跟朋友或個案一起練習，對方若無法理解其中要領就不要勉強。有效的話當然很好，若是做不到，也有不少其他方法可以選擇。）

如何幫助他人徹底原諒：

- 請他回想事件本身，看看自己是否做過跟他想要原諒的人一樣或類似的事。
- 若是有，請他原諒對方，畢竟他自己也做過一樣的事。
- 如果可能的話，請他原諒自己曾經做過的事，或是找到一個能夠獲得原諒的方法。

當然，就算兩人做過的事類似，可能程度並不相同。但我看過當一個人意識到（只有自己知道）自己做過與對方相似的事情時，多年的怨恨便煙消雲散。

別忘了大腦喜歡比喻，也就是拿兩種不一樣但有共同點的東西來做比較。[3]例如，耶穌說：「你是彼得，我要把我的教會建在這磐石上。」彼得雖然不是磐石，但磐石象徵彼得的力量。或是「你是我羽翼下的風」這句歌詞，說話的人沒有翅膀，但羽翼和風象徵兩人之間的關係。我們在投射中尋找的，就是這種共同點。它並非字面上的意義（但也可能是），通常只是指出一個方向。

下面這個例子呈現了我所說的這種共同點。這個案例處理的是我很少觸碰的暴力，個案在課堂上展現的自覺、誠懇和智慧打動了我。

已經當曾祖母的麗娃無法原諒希特勒對猶太人和她的家人所做的事，因此變成一個憤怒又不快樂的女人。由於找不到方法能讓她選擇原諒，所以我們便聊起她心中跟希特勒有關的潛意識投射。她也願意嘗試看看。她當然沒殺害過任何猶太人，但當我問她在心中殺過幾次希特勒和納粹，以及這些年為了存活又在心裡殺死過自己幾次時，她突然安靜下來。她找到了檢視內心的勇氣。她承認這些年來她內心的憤怒和仇恨對家人和她周圍的人產生了不好的影響。孩子不常回來看她，她的朋友也很少。

我並沒有要她容忍或合理化希特勒的所作所為，更何況是加以原諒。我希望她可以原諒的，是自己這些年間接發洩在他人身上的憤怒、仇恨，以及所造成的負面效應。直到她終於原諒了自己時，她為家人淚流滿面，還說她的心數十年來不曾如此平靜。

我的朋友珍妮跟我分享了以下事件。她跟她丈夫計畫一起去某個風景名勝旅遊，他本來約好時間要去公司附近接她，卻因為幾個月沒聯絡的弟弟突然來電而耽誤了時間。她在大太陽底下等了四十五分鐘，當她知道丈夫把一通電話看得比兩人的約定更重要時，她氣炸了。

她的憤怒毀了兩人的遊興。幸好她所受的原諒訓練幫助她看清自己的憤怒為什麼如此強烈又頑固。「隔天行程走到一半時，我突然意識到自己也對孩子做了同樣的事。」

她坦承自己為了拿到博士學位也常讓小孩「等」，晚上把小孩丟在家，有時還要他們自己解決晚餐，因為她覺得自己有更重要的事情要做。她讓小孩等她，就像丈夫讓她等他一樣。這件事勾起她的愧疚和怒火，因為那就是她所做的事。於是她當場進行了原諒步驟，才沒有毀了兩人的假期。

夏綠蒂遇到的狀況則是「否認」的實例。她母親曾告訴她，她父親在她才十八個月大時毒打過她，邊說還邊掉淚。幾年後她母親卻完全否認這件事：「我聽不懂妳在說什麼，妳爸絕不可能做那種事。」

夏綠蒂是心理治療師，她知道這是防衛機制在發揮保護功能。她很清楚母親的否認不是在說謊，只是為了保護她心中對丈夫和對自己為人母親的形象。什麼樣的母親會任人把自己的小孩打成那樣？誰都不會想把自己看成壞人，那是我們與生俱來的本能。於是最後他們相信了防衛機制，而這裡的防衛方式就是否認。

處理「投射」的防衛機制

以下例子說明我們可以如何處理「投射」的問題。假設你對某個獨裁政權感到憤怒，或許你會在腦中想像領導人的樣子。你可以問自己：「我看不慣他哪些所作所為？」或許你可以列出一長串的清單。假設你的答案是：「剝奪人民的自由。」回想前面所說的防衛機制。為了尋找潛意識裡的投射，問問你自己：

- 在生活中，我有哪些行為跟那個獨裁者一樣？
- 我有沒有剝奪他人的自由，或任由別人剝奪其他人的自由？
- 我有沒有剝奪自己的自由？（這通常是關鍵問題。）
- 我是不是把自己逼得很緊，從來不休息或休假？
- 我有被生活困住的感覺嗎？
- 我是不是困住了自己，無法掙脫？

這些問題從不同角度檢視「投射」的防衛機制。會引起我們強烈情緒反應的事情，往往可以指出我們自己犯的錯，以及我們無法原諒自己的事。

波·迪德利（Bo Diddley）原唱，後來清水合唱團（Creedence Clearwater Revival）和吉他之神艾力·克萊普頓（Eric Clapton）也翻唱過的〈責怪我之前，先看看你自己〉（Before you accuse me, take a look at yourself）這首歌，就是最好的提醒。

吉爾是個硬漢，塊頭又大，打架對他來說是家常便飯，有時還一次打好幾個。但這樣的生活將他給擊垮了，他憤怒又消沉，一心想要改變現狀。有次諮商時他坦承自己是亂倫的受害者。他痛恨父親，但從未在人前提過父親對他的傷害。將埋藏在內心的祕密說出口之後，他痛哭了五分鐘。

之後他終於看清楚遭受性侵的事跟他愛打架和愛飆車之間的關係。他發現他打架是因為潛意識裡想懲罰那些像他父親的硬漢，也是在懲罰他自己，因為他總覺得抬不起頭。面對心中的怨恨，他理解自己一直在延續最初受到的傷害，讓自己陷入孤立、羞恥和無能為力的感覺中。有了這樣的自覺，他的生活方式逐漸轉變，他開始幫助其他習慣使用暴力的男人，而且不再喝酒、打架和開快車。

筆記本練習：

一、從你列出的清單中，選一個適合用來練習的事件。

二、寫下你做過的類似或一樣的事。

三、這時候你可能會發現心裡出現抗拒。寫下你的感受。我們的防衛機制可能會阻擋我們看見真相，因為真相太難面對。坦承面對自己，別忘了真相有助你擺脫過去的反應模式。

四、留意抗拒出現的地方。盡量不要用「否認」來保護自己或攻擊他人。注意自己的情緒。

五、如果你發現自己做過類似的事，那就原諒對方吧。這應該不難。

六、原諒自己也做過類似的事。這可能比較困難，但無論如何你都要找到方法原諒自己。

補充說明：拜倫．凱蒂（Byron Katie）提供的自我訓練法，深入挖掘阻礙傷痛癒合的原因。我非常推薦她稱之為「轉念作業」（The Work）的方式。我把她在《一念之轉：四句話改變你的人生》（*Loving What Is: Four Questions That Can Change Your Life*）提出的方法運用在我帶領的原諒團體，獲得了極大的成效。[4]

意識到防衛機制的存在還不夠！

想要改變人生，僅僅是意識到防衛機制的存在還不夠。原諒這種防衛機制所揭露的真相，同樣有其必要。

前面提過的麗娃，她必須原諒自己痛恨納粹的負面情緒對家人所造成的傷害。她發現只要她放不下心中的恨，就是在延續希特勒和戈培爾所做過的事。如今她能夠明白兒子為什麼不喜歡跟她相處，而女兒又如何對她產生同樣的負面感受。

無法原諒自己或他人，是憂鬱或絕望的一大原因。憂鬱或絕望的情緒若無法被排解，就會讓人走上絕路。

如何辨識你的心理防衛機制？要讓「投射」和「否認」無所遁形，就得從總是會激怒你的事情下手。什麼事會讓你特別容易生氣或特別敏感，就是最好的證據和指標。寫下你常挑剔別人什麼樣的錯事或缺失。那裡頭可能就藏有你的防衛機制的線索，尤其是否認和投射。特別留意你最親近的人所犯的錯。

找一個至少在一個小時內你不會被打擾的地方。寫下他人做什麼事會讓你爆跳如雷或受不了。盡可能對自己誠實，只要記下事件就好。保留這張表，留待後面的篇章再使用。

現在，利用這張表，翻轉你對事情的看法。問問自己：

- 我對別人或對我自己也做了一樣的事嗎？
- 這件事跟我對別人或對我自己做的事有沒有相似之處？
- 這件事跟我們家人的相處模式，或是家裡其他人的行為模式，是不是很像？

我自己的原諒過程就始於用這張「挑剔表」，檢查我是不是對其他人做了類似的事。對我來說，原諒惹怒我的人容易，但原諒自己對他人所做的事就困難許多，需要更多外力協助。

妨礙原諒的思考方式

妨礙我們冷靜思考和獲得快樂的思維方式主要有三種。

凡事只看壞的一面

面臨威脅與危險，大腦會聚焦於如何求生存。這種隧道視野會讓人只看見人事物的負面特質，這麼做確實能夠辨識危機，卻同時會放大了恐懼、挫敗和沮喪，使我們感到焦慮不安。

蘿貝塔只看得到自己婚姻的種種缺點。她無法原諒自己竟然陷入這種處境。這段婚姻在她眼中一無是處，直到後來她開始練習留意和寫下這個家的好處之後才有所改變。將近一個星期的時間她都隨身帶著筆記本做紀錄，沒想到最後她寫下的優點竟然多過缺點。

試試看：從你的生命經驗中挑出一個負面事件，尋找和寫下其中的正面意義。盡可能回答「這有什麼正面意義？」和「我從中得到什麼收穫？」即使你覺得自己沒辦法也嘗試看看。試試看你能否原諒對方犯的錯，對方可能已經盡了全力。

非黑即白的二元思維

這種立即反應的思考方式對一件事的判斷不是好就是壞，沒有中間的灰色地帶。前一天一個人是好人，隔一天就變壞蛋。大腦的壓力反應一啟動，過濾外界龐雜資訊的一個簡單方法，就是辨認目前的情況是「危險」還是「安全」，可是這種思考邏輯對人際關係相當不利。例如，把大女兒視為好女兒，把二女兒視為壞女兒。問題是人沒有那麼極端，無法簡單分成笨或聰明、好或壞、美或醜，多半是介於中間值。[5]

人有很多面向，無法簡化成非黑即白的判斷。這種二元思考方式的最大陷阱，是你對自己的評判——如果你不完美，那就是失敗，完全沒有犯錯的空間。這是原諒自己的一大阻礙。

我認識一個絕頂聰明的人，年輕時她曾加入邪教。雖然她能力很強，也曾在職場上擔任要職，她還是因為自己曾經笨到相信邪教領袖的謊言而自責不已。因為這個錯誤，後來她只敢從事卑微的工作。她會在內心對自己說：「我曾經是個聰明人，現在卻只是個笨蛋。」走出暴力關係的女性也常常落入這樣的思維，只願意考慮低於自己能力的工作，即使她們知道自己過去表現出眾。

要克服這種非黑即白的思考，《想法與感受》（*Thoughts and Feelings*）一書的作者麥凱博士（Matthew McKay）、戴維斯博士（Martha Davis）及范寧博士（Patrick Fanning）教導我們，可以用百分比的方式來思考。[6]舉例來說：「她的工作有百分之二十五不盡人意，但百分之七十五還不錯。」另一個例子是：「有百分之六十的時間他只顧自己，但有百分之四十的時間他也算慷慨大方。」或是，「百分之十五的時間我是個蠢蛋，但其他時間我表現得還可以。」

利用這種百分比的描述來破除自己的二元思考，你看待事情的方式就會更加寬容，因為這麼做突破了自我判斷的盲點。就此而言，原諒自己是關鍵，就跟原諒他人的不完美一樣。

記住，當我們原諒他人的不完美時，就是在鍛鍊「原諒自己」的肌肉。試著列出你不滿自己的哪些行為或特質，利用百分比的方式，如實地一一檢視，然後再一一原諒。

災難性思考（catastrophic thinking）

這種思考方式把每一件負面的事情都看成是一場災難。這跟「凡事只看壞的一面」很像，但更加失控。這兩種思維在經歷過悲劇或創傷的人身上都很常見，也有可能是從父母那裡學來的習慣性反應。這種思維把恐懼和絕望都放進事件中，徹底失去理性、信念和正面思考。失去工作等於失去房子也等於妻小都會離你而去。這些想法一瞬間浮現，接著引發腦袋各式各樣的情緒反應，從逃避、麻木、憤怒到殺人都有可能。

這種觀點若長期不變，一個人就會對人生感到絕望，覺得未來一片黯淡，一點小事都會感到怒不可遏，或是擺脫不掉內心的恐懼。吉姆的父親從小在紐約的布魯克林區長大，因為母親擔心他會「被車撞」所以不准他到街上玩。那個年代路上車還很少，除了他，其他孩子都會在街上玩耍，況且球是他的，他卻不能一起玩！沉重的教養方式，導致他十五歲就離開家裡。

災難性思考之所以有害，不是因為事件本身帶來壓力，而是人對事件的反應。最明顯的例子是，男人丟了飯碗，一氣之下殺了同事。比較隱微的是，一個人害怕自己犯錯會被開除，心想反正遲早要捲鋪蓋走人，工作就乾脆敷衍了事。另外，因為結束一段關係而感到自責的人，常會有一種想法就是：我再也找不到願意愛我的人。抱持這種想法大概就很難有好的轉變，所以原諒才值得我們嘗試。唯有原諒你才能擺脫痛苦和受害者心態。

凡事都想最壞的結果，表示你對他人跟自己缺乏信任，也尚未真正做到或得到原諒。這時候我們需要的是耐心和理性地把自己拉回來，這樣我們才能不被壓力反應控制，進而看見更多的選擇和可能性。

要避免自己落入災難性思維，首先你必須安撫大腦的壓力反應系統。去散散步，打電話跟朋友聊天，嘗試放鬆身體的反應，諸如此類。一旦你平靜下來並稍微恢復理智之後，再做下列練習。

重新檢視上述三種負面的思考方式。先放下你自己的反應，從客觀的角度觀察究竟發生了什麼事，也試著從別人的角度看這件事，例如你的朋友。

接下來，請列出你認為因為發生了這件事，所以之後可能會發生什麼事：

一、每寫一個就問自己：「是真的嗎？」「我怎麼知道會這樣發展？」

二、為每一種可能發生的事，想出正面的可能性。

三、記下你責怪他人或自己的行為或特質，看看你能不能原諒自己或他人的這些行為表現。留著這張表，我們很快會再用到。

假如你現在還做不到，就繼續往下讀和做練習。

光靠原諒還無法化解災難性的思考模式。雖然原諒的幫助極大，但是要轉換思考模式，必須仰賴你對生命和自身的信任和信念才能達成。這樣的信任和信念需要我們與最真實的自己連結。對我來說，那是人生最重要的旅程。而原諒自己對排除這段旅程中的障礙尤其有用。

寬恕是世界上所有宗教共同鼓吹的目標，它帶來的經驗能使人脫胎換骨，超越人類多半自私的渴望和需求。

——休斯頓．史密士（Huston Smith），《世界宗教》（*The World's Religions*）

第十一章　原諒自己和給自己力量

「原諒自己」是發掘內在財富和價值的關鍵。

人能忍受不幸，那些是外在的偶發事件。但忍受自己的缺失，啊，那才是人生的考驗。

——奧斯卡．王爾德（Oscar Wilde）

前一章我們藉由了解人的心理防衛機制和原諒自己，幫助我們可以徹底原諒。但是要做到徹底原諒並不容易。現在我們要更深入探討如何原諒自己。

研究指出，原諒自己不只需要面對自己犯的錯，也要放下對自己的負面想法、感受和行為，「用同情、寬容和愛取而代之」。當你對自己產生正面的想法、感受和行動時，你會知道你已經原諒了自己。

懲罰和愧疚無助於原諒

人們根據自己的價值觀、規則和道德標準建立生活行事的準則。一個人若是違背了自己的這些準則，就會覺得良心不安，知道自己做錯了事，心裡多半也會感到愧疚。

當你的自我價值低落時，你就會跟內在的力量漸行漸遠。自我價值低落通常來自愧疚感，也就是對自己感到生氣。因為愧疚，我們覺得自己活該受罰，也常因為自己做了丟臉的事而認定自己沒有價值。假如你緊抓著這些負面感受不放，持續用自我批判餵養它們，就會建立起一種惡性循環。相反的，盡可能放下心中的愧疚，才能重建良好的心理素質，就像是原諒他人才能重建彼此的關係。自我價值感也能因此得到修復。

邁克・林區（Michael J. Lynch）在《監獄與夢想：美國刑罰系統的罪與挫敗》（*Big Prisons, Big Dreams: Crime and the Failure of America's Penal System*）一書中，指出三種改變行為的方法：正強化、負強化和懲罰。其中效果最差的是懲罰，效果最好的是正強化。處理自己的感受時，請特別記住這點。

懲罰自己不是改善行為的有效方法。[1] 人類社會自古以來都用懲罰來改變人的行為，我們也出於習慣而如法炮製。但是你必須抗拒這種誘惑，因為懲罰會啟動原始的大腦反應，強化怨恨，最後只會激起心中的恐懼，而怨恨和恐懼正是你努力要擺脫的感受。由此可見，懲罰反而有礙你達成原諒自己的目標。

放下愧疚感並不容易，你可能需要藉助很多方法。如果你試過之後不覺得生活有很大的改變，我建議你找人幫忙，不要單獨進行。

卡爾還沒解開與父親之間的心結，父親就猝逝，他因此陷入低潮。他使用了最古老的方法幫助自己站起來，那就是到大自然健行，用自己的方式祈禱能擺脫心中的愧疚。在一次漫長的祈禱健行途中，他終於感受到了他渴求的自我原諒。

愧疚感或罪惡感只是在召喚你採取行動改變現狀。當你覺得自己「沒有達成目標」（「罪」的希臘文最初在聖經中出現時的意思），你只需要修正目標再試一次就行了。

不斷自責不會改善行為或提升能力，練習和自信才可以。

處理內在衝突

馬修從小就被訓練成一個嚴以律己的基督教徒，強烈反對唯利是圖的資本社會。他最喜歡的一句教誨是：「駱駝穿過針眼比財主進上帝的國還容易呢！」（《馬太福音》第十九章第二十四節）但長大之後他賺了不少錢，過著優渥的生活。由於現實與內在的衝突，他飽受愧疚和憂鬱折磨。

透過自己的姊妹，他嘗試了原諒的方法，列出目前的生活和他置身的文化的種種好處。因為如此，他更加珍惜能供應家人所需，並在一個良好的體制中教導孩子重要的社會價值。獲得這個新的觀點之後，他發現自己可以用賺到的金錢幫助其他不像他那麼幸運的人。而幫助他人時，他的愧疚感就消失了。另一個附加好處是，他對別人不再那麼嚴厲。這個解決方法在很多人眼中再明顯不過，但他一直困在自我批判中，所以才看不到。

朱麗葉痛恨父親使用暴力，而且因為沒能保護媽媽和妹妹而愧疚不已。周圍的大人告訴她「妳不應該這麼想」或是「妳還小也無能為力」，但這些話都無法減輕她的愧疚，只能靠她自己想通。原諒的步驟幫助她看見自己的愧疚感不理性的一面，進而放下對自己的憤怒。

艾格妮絲遭遇了約會性侵，羞恥是她感受到的各種情緒之一。治療時她逐一檢查每種情緒背後的因素，發現她之所以感到羞恥和愧疚，是因為她怪罪自己竟然會讓這種事發生在自己身上。雖然這樣的反應根本不理性，畢竟造成傷害的人並不是她，她卻還是感到愧疚。艾格妮絲原諒了自己之後（儘管這樣的傷害不是她能控制的），不只放下了心中的重擔，也看清楚該負起全部責任的人是傷害她的人。

不同的價值觀

與人交往互動時，我們可以發現大多數人都有自己的一套價值觀和道德觀，儘管我們不一定認同彼此的標準。當你能夠理解每個人（包括你想要原諒的對象）都是不同的個體，抱持的價值觀也都不同時，謙卑之心就會油然而生。你會知道自己「並非無所不知」。此時，原諒可能是來自內心的一份禮物，為雙方打造有別以往的互動方式。

露西一直以來都對父親的嚴格、冷漠和疏離很反感。某個炎熱的夏日午後她突然想通，她父親跟他自己的父親比較起來，已經算是一個好爸爸了。這個領悟使她的人生從此改觀。她說：「跟我姑姑，也就是父親的姊姊談過之後，我才知道他小時候常被打得很慘，能走到今天很不容易。跟他自己的父親相比，他確實是一個好爸爸。」從此之後她開始能夠欣賞父親，也放下了長期以來因為父親看似缺乏關愛的教養方式而累積的怨恨，並明白這並不是她的錯。

就算是同一家人，處理童年創傷的方式也不相同。接受諮商的兩兄弟一個說：「我爸媽都是酒鬼，成天醉醺醺，所以後來我當然也變成了一個酒鬼。」另一個卻說：「我看見酗酒對我爸媽的影響，以及酗酒如何毀了他們的人生，所以我當然滴酒不沾。」

然而，這裡應該注意的是：原諒自己並非全部的答案。在〈晚年生活的記恨、憂鬱和健康問題：原諒的保護力〉（Unforgiveness, depression, and health in later life: the protective factor of forgiveness）一文中，艾希莉・厄莫（Ashley E. ERmer）和克莉絲汀・普魯克斯（Christine M. Proulx）博士從研究中發現，特別是對女性來說，能抵擋憂鬱的不一定是原諒自己，而是原諒他人。[2]

你得到的等於你付出的

人都想要快樂，但我們能得到多少快樂，取決於我們能體驗到多少快樂。帶給別人快樂的能力往往會轉化為自己生命的一部分。同樣的道理，要得到愛，取決於你付出了多少愛。若是你對待自己完全沒有愛的成分，又怎麼能要別人愛你？只要你能找出阻礙自己擁有愛的原因，你就能得到更多的愛。喜悅、平靜和其他正面感受也是如此。

如果你無法原諒自己或他人，那就不要問「為什麼我找不到愛我的人？」或是「愛都跑去哪裡了？」一旦你選擇怨恨或憤怒，愛就會消失無蹤。可以說，你付出什麼就會得到什麼。假如你很憤怒，實際上你給別人的就是憤怒，你得到的也會是憤怒。

憤怒有其效果，但為此付出的代價值得嗎？葛倫是我早期的學生之一，他是個建築承包商，習慣用憤怒解決很多事情。每次他發火，大家就會趕緊做事，他喜歡那種權威感。然而，過了幾年之後，他開始討厭憤怒帶來的其他後果，例如高血壓、失敗的婚姻、悶悶不樂、暴躁易怒、睡不好、憂鬱。於是他開始尋找不同的生活方式；嘗試原諒的步驟之後，他也更能享受生命。

披頭四在〈The End〉這首歌裡說得很好：「你得到的愛等於你付出的愛。」原諒、愛和平靜都是你的選擇，勉強不來，也強求不來。過去兩千年來有太多血淋淋的例子。神職人員勸人寬恕，卻沒教人寬恕的有效方法，而且往往沒有以身作則。或者，他們告訴一個人他已經獲得寬恕，對方卻不相信或是沒有這樣的感受。唯有當人對愛、平靜的心和喜悅的渴望凌駕攻擊、憤怒和報復的渴望時，原諒才會發生。你得到什麼，取決於你付出什麼。如果你對自己沒有愛、尊重或正面評價，那就不要抱怨自己的生活，重點是改變你對自己的看法！看看這麼做你的生活會發生什麼變化。

試試看：如果你覺得沒有得到自己應得的美好生活，深入挖掘自己的價值所在，那樣的價值只有你自己看得出來。「原諒自己」是發掘內在財富和價值的關鍵。檢視你是否有自我價值低落的問題，找出跟自我價值低落綁在一起的愧疚感。它就埋藏在你的內心深處。透過原諒來轉化這樣的感受。

受害者心態和愧疚感的惡性循環

很多人都不知道自己陷入了受害者的心態，一直覺得自己好像做錯了什麼，也對其他人造成不好的影響。底下是這種心態的心理過程：

一、我們做了什麼違背自己的道德觀、準則或價值的事。

二、我們心中因此覺得愧疚、羞恥或後悔。

三、我們怪罪自己，也接受來自自己或他人的懲罰，因為覺得自己罪有應得。此外，我們內心也常害怕會遭到天譴。

四、自我防衛機制啟動，我們開始怪罪他人。

五、我們開始用迂迴或直接的方式攻擊他人，從而導致心中更加愧疚。同時我們又害怕他人反擊，因此更加理直氣壯地攻擊他人。於是陷入惡性循環。

愈常攻擊自己或他人，這個惡性循環就愈來愈嚴重，導致我們愈來愈不快樂。當然，無論是外在或內在的攻擊，都不必然是很嚴重的攻擊，或許只是在背後說某人的壞話，試圖破壞他們在別人心中的地位。

原諒能在任何時候進入這個惡性循環，改變這樣的模式。

假如你覺得自己付出愛卻得到憤怒，你就必須更深入探究問題。瑪格麗特是個虔誠又有愛心的人。但她丈夫經常打她，而她每次都會原諒他，重新回到他身邊。原諒似乎反而害她受傷。但這就好像在說，出過三次以上車禍的人就不該再開車一樣。重點應該是，找出兩人之間的問題所在並加以修正。

假如一個人付出愛卻得到憤怒，更深層的問題或許是無法立下界線。長期受到傷害的人通常沒有這樣的能力。這在家暴的案例中經常可見。局外人常會問受害者：「你為什麼還要留在那樣的關係裡？」或是「你為什麼不擺脫那個混蛋？」這些問題都有其道理，但不一定有正確的答案。

當一個人在情感上認定自己「不如人」、「不夠好」或「有所欠缺」，就會導致「受害者效應」。受害者心態通常源自童年經驗。這樣的人經常怨天尤人，只看到事情壞的一面，往往會感到後悔、愧疚和怨恨。這類受害者常會攻擊自己或被外界攻擊，因為他們在某種程度上覺得是自己活該。這就是我們必須改變的心態。女性比男性更容易落入這種心態，因為女性受到欺壓和貶低自我已有長久的歷史。

凡事都有一體兩面，受害的另一面就是加害。加害者也有自己的受害經驗，卻以不同的方式表現出來。我帶領的家暴團體都會問施暴者在害怕什麼，如果他能誠實回答這個問題，憤怒的情緒往往就會立刻產生改變。

查克結實精悍，有次他在高速公路上被惡意擋車，他一氣之下撞了那輛車，然後揚長而去。意識到自己的行為有多麼瘋狂之後，他趕緊放慢速度開下高速公路。他來諮商時我問他怎麼回事，他說他不會再讓別人欺負他。我更進一步追問，他才終於說出從他五歲到十二歲，父親只要發起酒瘋就會揍他，十二歲那年他忍不住還手，此後就經常跟人打架。

若是一個人持續抱持這種受害者的想法和態度，就像是讓一個小孩掌控你的人生。那也等於把人生的主控權交給軟弱又自我中心的那個你。一旦這種情況發生，你就變成了自己最大的敵人。正因如此，原諒所有傷害與原諒自己才會這麼重要。原諒是為了重新找回愛和平靜的心所做的選擇。它可以為人生帶來喜悅。有些治療師不同意我的看法，反而認為憤怒是好事，但根據我的經驗絕非如此。

梅若蒂遭到丈夫的家暴之後，她開始每週去參加匿名互助會，後來更增加到一週三次，慢慢地她覺得自己有所好轉。匿名互助會（Co-Dependents Anonymous）是專為想要建立健康關係的人所設計的十二步驟課程，以匿名戒酒會為模型，但不限於戒酒。藉由這個課程，梅若蒂認清自己為什麼離不開這段暴力關係，甚至為什麼暴力會一直發生。

她開始利用十二步驟來改造自己，其中包含了心靈和原諒的元素。梅若蒂因此發現一再重回暴力關係，也是她母親的行為模式，而且反映了她母親自我價值低落的一面。

眼看丈夫不可能戒酒，甚至變得愈來愈暴力，梅若蒂終於逃離這段關係，不再回頭。我在課堂上跟她討論時，她說她還是愛著對方，但同時她知道自己值得更好的關係。如今她找到了愛她也對她很好的人。她來上課其實是為了原諒自己的原生家庭。

梅若蒂的丈夫有酗酒問題，她本來想參加匿名戒酒會家屬團體（Al-Anon）[3]，但後來她選擇了匿名互助會，因為裡頭有她的朋友。匿名戒酒會家屬團體底下還有青少年子女戒酒支持團體，同樣以匿名戒酒會為模型，一直以來都給予戒酒者的家人和朋友希望、理解和支持。

人之所以有被迫害的感覺，可能是因為長期覺得受人控制、無可奈何，也就是有一種被命運擺布的感覺。這種想法會把人困住，久而久之你就不相信自己有能力改變人生，更何況是改變這個世界。甚至你會覺得自己的痛苦、挫敗和失落都是別人造成的，因而發出「他們把我害得好慘！」的吶喊。若是抱著這種心態，要找到解決方法就很難，因為「任何方法大概也不會有效」。[4]

表面看來，我們似乎無法掌控人生，其實真相是：[5]

- 我們不斷在做各種決定。

- 每個決定都會影響我們的人生。
- 一般來說，我們要對發生在自己身上的事負責。

一旦你更能掌控自己的大腦反應，你就可以戳破「無可奈何」的謊言。你對自己內在發生的事要負起最大的責任，因為是你透過各種決定創造了你自己的人生。你必須負起責任，處理這種絕望／無助的受害者觀點。最重要的是，你要意識到自己被負面反應所箝制，然後奪回主控權並尋求幫助。

你當然無法控制外在世界發生的事，但整體來說，你的選擇也會影響外在世界。滿足和喜悅同樣來自於你做過的選擇，以及持續在做的選擇。陷入受害者心態的人無法理解這些事實，[6]並因此陷入痛苦的深淵。當你要原諒的對象時常選擇扮演受害者的角色時，例如你的父母，同情與理解會有助於原諒。

在你原諒他人的過程中，請記住一點：人們選擇的往往是他們認為對自己最有價值的東西，並相信那會帶來快樂，即使實際上並不一定如此。

嘉柏麗認為安全感對她來說比什麼都要重要。因此，她跟一個除了賺錢什麼都沒興趣的男人結婚三十年。為了這份安全感，她犧牲了對生命的熱情和喜悅，從而讓她逐漸陷入負面情緒。深入探索自我之後，她發現丈夫其實給了她對她來說最重要的東西，也就是安全感。這個體悟徹底改變了她對這段婚姻的看法。

深入自我探索

想要放下自己長久以來的受害者心態，或原諒他人這樣的心理，不妨想想自己或他人最強烈的渴望是什麼。也就是說，對你或那個人來說，最重要的東西是什麼？答案通常很矛盾。就像上述例子，安全感是嘉柏麗最想要的，但她又覺得在這段關係中身不由己或感到絕望，因為無法得到其他重要的東西。

人都有自由意志，並根據自己的意志做出各種選擇。若是你不喜歡自己或他人的選擇，不妨用同情的觀點尋找選擇背後的原因。想想什麼是最重要的？在無法原諒的案例中，往往都是因為人們認為證明自己是對的比快樂更重要。

沒有接納寬恕，我們就無法愛；寬恕的經驗愈深刻，愛就愈強大。

——神學家保羅．田立克（Paul Tillich）

我曾經替幾名邪教成員做過諮商。他們都承認，雖然加入邪教的經驗很慘痛，但當時確實給他們帶來了一些生命意義，甚至足以讓他們忍受過程中受到的傷害。對於想要原諒一段壓迫或暴力關係的人來說，往往必須先認清一件事：留在那段關係裡是自己做的選擇。接下來的問題就會變成原諒自己。

「要是你被騙了呢？」我的學生羅莉安問。「我們都被教會吹噓的豐功偉業給騙了。你總不是在替他們找藉口吧。要是我早知道那些都是謊言，絕不會留下來。」我同意她的看法，同時問她：「妳要如何原諒這樣的謊言，好恢復正常的生活？」每個人可能用不同的方法處理這個問題。因為如此，我才會寫這本書。

羅莉安在原諒治療課程的期末報告中寫道，欺騙無所不在，可能來自父母、媒體、廣告、政治人物等等。「機關組織似乎經常會做這種事。沒錯，我也會騙家人和朋友說我很好、教會有多棒，即使明知道那些都不是事實。」

問題練習：

當你感覺無能為力時，底下的問題能激發你看待事物的不同面向：

- 我做了什麼選擇導致這樣的情況？
- 我做了什麼決定？
- 現在我可以做什麼決定來改變它？

幫助你原諒自己的力量

研究指出，人的生存機制打從出生就全面啟動。[7]隨著年紀增長，我們也持續用它來保護自己和避免危險。

但人除了生存機制，也有超越日常熟悉模式的體驗。這種體驗通常被歸於宗教領域，而愛與啟發即由此而來，它促使我們展現最好的自己，而不是只要活下來就好。從中你會發現一些有助於拓展靈性體驗和思想的方法。

十九世紀晚期開始發展的心理學，把這種靈性體驗貼上「不正常」的標籤。當時宗教和科學產生拉鋸，佛洛伊德的名聲漸響，但他對宗教卻很反感。兩者之間的隔閡，反映了我們的靈性體驗和日常生活之間的斷裂。

超個人心理學（transpersonal psychology）☆將這些看似彼此獨立的經驗加以整合。然而，整體來說，宗教和心理學之間的分歧仍然存在。這對「原諒」來說是一大不幸。然而，宗教長期倚賴寬恕的力量並非偶然，因為寬恕具有強大的轉化力量。

假如你無法原諒自己，很多人都能幫上忙，包括神職人員。我就曾經藉由宗教儀式的幫助，在難以原諒的時候達成原諒。幾百年來，宗教儀式就是一種強大的工具，可以幫助人們擺脫持續不斷且妨礙我們原諒自己的大腦壓力反應。

懷恨在心只會榨乾你的生命能量。當你能同情他人及自己的處境，然後進一步原諒他人和自己，你就重新獲得了力量。

諷刺的是，這項工作可能很艱辛，需要發揮個人的力量，但你的力量卻被綁在你無法原諒的事情上。因為如此，剛開始進行原諒工作時，你的能量往往很有限。這就是為什麼原諒一開始可能非常困難。不過，之後就會漸入佳境。

☆編按：心理學的一個分支，將個體的靈性和超越自我的體驗與現代心理學結合，也可稱為靈性心理學。

第十二章　處理壓力和創傷

原諒自己，面對與解決「要是」和「早知道」的內心獨白，你對事件的看法就會徹底改觀。

長期的壓力就像藥效緩慢的毒藥。

——麻州大學醫學院琴・金恩博士（Jean King）

無法原諒的事會在我們心裡形成壓力，所以我們必須更深入探討如何緩和自己的壓力反應，好讓原諒過程更容易一些。這一章的重點是處理我們的壓力，無論是來自家庭或工作過勞的壓力，或是創傷造成的心理壓力。

幾面幾章說明了壓力反應如何形成。這一章我們要來處理這些反應引發的一些嚴重問題，以及如何有效地避免它們把你擊垮。原諒當然是必要的，但原諒之前你必須先讓自己的心平靜下來。

壓力可能對人有益。面對壓力時，如果舊方法派不上用場，我們就會想出新的方法應對。然而，壓力過大會使身體系統超出負荷，甚至當機，這時你的行為就會開始變得不理性。生活壓力常會引起人們的恐懼或憤怒等習慣性反應，因為這種情況很容易啟動「戰或逃」的心理機制。「逃」是因為恐懼，而恐懼會引發焦慮和恐慌，情緒達到極端時，我們會覺得絕望、麻木，甚至想要結束自己生命。「戰」最極端的表現則是殺害他人，現今我們在學校和工作場合中愈來愈常看到這種極端的反應。

學會辨識這種壓力反應的早期跡象很重要，無論是對你自己或你想原諒的人。《今日心理學》雜誌也說，過去的壓力經驗會放大你現在的壓力反應。[1]

我們知道創傷可能造成破壞性的影響，但很多人過了一段時間就會復原。然而，若沒有妥善處理，這些痛苦的經驗可能長期傷害身心健康。由於創傷會引起強烈的身體壓力反應，因此我認為原諒對長期為創傷經驗所苦的人很有幫助。一個人若無法處理長期的壓力，往往跟早期的創傷經驗有關。

創傷或災難性事件是突如其來、難以承受，甚至危及生命的事件，例如車禍、戰爭、天災、強暴、遇到持槍搶劫、生活在戰區，或是差點溺水等等。受害者通常在當下或事後感到極度的恐懼、無助或驚駭。雖然很多倖存者能夠成功克服這些創傷記憶，有些人卻會在日後產生強烈的焦慮反應。這種情況稱之為創傷後壓力症候群（PTSD）。[2]

補充說明：幫助倖存者走出創傷的家人、好友和專業人員，也可能因為移情心理而被創傷事件所影響。[3]這種情況叫做「同情疲勞」（compassion fatigue），後面會再提到。

本章下半部將著重於創傷及其造成的影響，原因如下：

一、創傷常導致看似無法原諒的狀況，尤其若它造成嚴重的損失，例如有人死亡或受重傷的話。

二、在這個恐怖主義肆虐的時代，新的創傷事件很可能在我們周遭發生。因此我們要對創傷造成的影響保持警覺，尤其當它在我們自己、親近的人，或我們需要原諒的人身上出現時。

只要我們願意改變習慣性的想法和行為模式，就有可能化解壓力。認知療法在這裡可以派上用場，冥想和祈禱也是。同樣的，眼動減敏與歷程更新（EMDR）及VK分離技術（Visual Kinesthetic Dissociation）都是減輕創傷經驗的有效方法。前者藉由眼球運動減少特定創傷事件的情感衝擊，後者是能達成同樣效果的催眠法。[4]根據我自己的創傷經驗，原諒則是最有效的方法。

各式各樣的方法都有助於減輕壓力。透過練習，本來認命挨打的妻子最後可能決定保護自己，離開丈夫，不再繼續活在恐懼之下。勇氣使她產生不同以往的行動。找到不同的回應方式，由行動所引起的情緒也會改變。換句話說，回應方式只要稍有改變，就能徹底改變你的壓力反應。

心理學和大腦研究告訴我們，理性的光芒一旦照進情緒的漩渦中，就能緩和情緒。為什麼？因為大腦的線性思考和分析功能的目的，就是為了與情緒系統合作並將情緒撫平。

經常想起跟創傷相關的人事物，或是不斷壓抑它，把它埋藏到潛意識裡，就會讓人持續處在壓力狀態下。一旦過去的壓力反應結合日常生活的壓力，就可能會讓個人的身心難以負荷。這時候我們可以透過治療來減輕壓力。

壓力的相關研究證明，對壓力適應不良時，身體也會受累，導致倦怠、傷風感冒，甚至其他更嚴重的疾病。早期的人類遭遇危難過後，例如跟野獸搏鬥，身體就能慢慢放鬆下來並復原。但是現在我們很少有復原的時間。

壓力反應產生時，荷爾蒙和化學物質快速分泌，使身體產生改變。若是事件過後身體無法透過放鬆恢復常態，麻煩就來了。[5]我們當然可以攝取更多維他命或能量飲料增進體力，但為了提高引擎的速度而不斷添加燃料和佐劑，引擎遲早會燒掉。身體也一樣。

壓力若持續太久，變成一種常態，壓力疲勞和過勞是必然的結果，其他問題也會接踵而至，包括心臟疾病、慢性退化性疾病，甚至連性命都會賠上。

壓力超載和過勞的跡象

我們必須特別留意慢性壓力和過勞的跡象和症狀。研究指出，身體承受壓力時

所分泌的化學物質和荷爾蒙，對我們會產生以下影響：[6]

- 容易罹患癌症、慢性感染和其他疾病。
- 潰瘍、腫脹、疼痛、關節脆弱和氣喘惡化。
- 弱化循環系統，導致中風、心臟疾病和高血壓。
- 影響情緒系統，導致憂鬱或攻擊行為。

證據顯示，強烈的心理壓力可能會改變大腦構造，甚至是永久性的改變。[7] 慢性壓力很容易導致過勞，此時身體會出現以下症狀：[8]

- 情緒、心理和生理疲憊不堪。
- 睡眠障礙。
- 頭痛、胃痛、身體疼痛。
- 容易傷風感冒。

一個人過勞時可能會產生以下心態和情緒：[9]

- 無力，絕望，無助。
- 體力透支，筋疲力盡，悲傷，百無聊賴，憤世疾俗。
- 沮喪，易怒，焦慮，怨恨。
- 工作沒有成就感，生產力低落，甚至開始曠職。

- 覺得困在一個地方無法掙脫。
- 封閉孤僻，不跟同事、家人和朋友往來。
- 對自己缺乏自信，覺得自己一敗塗地。

這些現象都是警訊。有以上感受的人需要立即的協助。假如心裡過不去的事使你或他人出現以上症狀，你必須理解人在這種情況下是無法發揮理性或同情心的。我自己出現這些症狀時，也覺得人生沒意義，後來是「釋放力量的原諒步驟」拉了我一把。

在這種情況下，酒精和藥物濫用的問題會變嚴重。很多時候我們會靠酒精或藥物放鬆身心，擺脫煩惱，包括處方藥、尼古丁和咖啡。當這些東西成為唯一能減輕痛苦或內心煎熬的安慰劑時，人們就會開始上癮。然而，問題不在酒精或藥物，而是人無法控制的壓力反應。世界各地的匿名戒酒會、匿名戒毒會和十二步驟復原課程都證實了，成癮其實是心理和情緒的問題。問題不在會使人上癮的東西或行為，而是導致成癮的心智狀態。

疼痛造成的壓力

有慢性疼痛的人也常會出現以上症狀。身體若持續疼痛，心智也會受影響，因此常會做出糟糕的選擇。假如你認識這樣的人，或你自己就是這樣，同情和理解是改變現狀的必要工具。

二戰結束後，芭芭拉嫁給一個身體傷殘的退伍軍人。丈夫的身體經常疼痛不堪，也因為缺乏耐心而跟同事關係疏遠，最後會因為各種原因離職。他做過很多工作，總是在找更好的去處卻從未如願。他的暴躁易怒嚇壞了芭芭拉。她之所以還跟著他，是因為她知道他是個好人，只是飽受疼痛折磨。但她也強調，就算如此也不能合理化他加諸在她身上的痛苦。

每次他脾氣失控、跟朋友鬧翻或決定搬家時，她都會措手不及。有時兩人會暫時分居。她的信仰使她選擇原諒，但有時候她原諒只是為了讓小孩有個完整的家。他的痛苦也對她造成傷害，使她心裡充滿了恐懼和怨恨。

生病或身體長期疼痛的人常會依賴止痛藥或其他藥物，但這些藥物會對生活品質和人的性格表現造成影響，所以他們只能不斷控制自己的痛苦和藥物的副作用。這樣的人常會以酒精和藥物（無論是處方藥或非法藥物）來減輕疼痛。

身體長期疼痛的人（無論有沒有吃止痛藥）就如同酒精成癮者，可能會對家人和孩子造成各種不良影響。

麥克斯很受人歡迎，事業也很成功。在派對上，大家都會簇擁著他談笑風生，但一回到家他就變了一個人。多年舊傷導致的疼痛持續折磨著他。小孩在家都不敢吵鬧，也不能邀朋友來家裡玩，而且常遭受他的言語暴力。外人都不知道他的家人承受多少痛苦，因為大家都認為「他是個大好人」。

想要原諒這樣的人，你必須持續進行內在的功課。或許你會納悶，藥物或酒精不是也有減輕痛苦的正面效果，讓人表現出和藹可親，甚至討人喜歡的一面嗎？假如你要原諒的對象是這類的人，相信我，你付出的努力很值得。不過我建議你向外求助。

在這種情況下，痛苦往往被酒精或藥物給掩蓋，你沒看到痛苦，反而把錯怪罪於成癮的行為。當痛苦來自情感層面時，問題可能更加複雜難解。通常過程大概是這樣：最初的創傷導致痛苦↓尋求藥物或酒精↓子女的情感受到傷害↓子女使用藥物或酒精↓子女的子女的情感受到傷害↓世世代代的惡性循環。

盡你所能去理解家族的這種痛苦循環，想辦法化解。原諒是你能為家人、周圍的人和後代子孫所做的最棒的決定。

你可以做的事

當一個人處於過勞和長期承受壓力時，很難找到擺脫悲慘不幸的方法。外在世界持續不斷的要求和壓力，只會讓人想要舉白旗投降。

假如你已經走到絕望邊緣，或認識這樣的人，別忘了這是原始大腦反應造成的結果。如我之前所說，那種感覺就像著了魔。這不是你或他人的問題，而是生存反應和理性之間的拉鋸。一定有解決的方法。請為自己或他人尋求幫助。

有很多原因導致一個人產生這種壓力反應，比方信仰薄弱、想法扭曲，或早期的創傷。儘管如此，要擺脫這種僵局需要積極的自我反省，這通常需要專業協助，或是能夠為你提供客觀且仁慈的觀點的人。

慢性壓力最糟糕的結果，就是讓人習以為常，已經感到麻痺了，覺得看不到出口。當壓力變成一種常態就可能危害生命，因為它會耗盡人的精力，並透過自戕、暴力、心臟病發、中風和癌症等方式表現出來。慢性壓力很難處理，可能需要長時間的治療、心理諮商和壓力管理。[10]

假如你朋友、家人或你自己出現以上症狀，請不要沮喪，有很多方法可以求助。雖然我在這裡沒有一一介紹，但我認為「釋放力量的原諒步驟」能夠幫助你更快擺脫那種快要窒息的感覺。根據多年傳授壓力管理方法的經驗，我發現當一個人對自己或他人心懷怨恨時，減壓方法就需要更長時間才會發揮功效。

放下折磨你多年的怨恨（或許源自童年）有一個明顯的好處。內人的祖母從不記恨。我認識她的時候她已經九十六歲，但頭腦還是很清楚，說起她八十幾歲時的送報路線依然懷念不已。她外表依舊迷人、精神奕奕；她的笑容、散發的光彩和慈愛的眼神在在顯示，她找到了幸福人生的祕訣——放下過去的仇恨，獲得心靈的平靜。

創傷倖存者需要知道的事

伊芙・卡森（Eve Carlson）和約瑟夫・魯澤博士（Josef Ruzek）為美國創傷後壓力症候群中心寫了一份細心的摘要，指出創傷倖存者需要知道的事。包括：[11]

- 你無法保護自己或他人完全不受創傷，很多能幹、健康、強壯、善良的人也會受到傷害。
- 創傷可能會造成長久的傷害，百分之八的人會出現創傷後壓力症候群。
- 遭受創傷的人有時候會覺得自己要瘋了，或覺得自己太過軟弱。事實並非如此。這些只是創傷反應的症狀。

‧就算是適應良好、身體健康的人也可能會經歷創傷後壓力症候群。

了解創傷引起的症狀有助於控制症狀，以及尋求幫助。就算創傷沒有造成長久的傷害，受創之後還是會引發身體的壓力反應。

我們經常無法獨自面對內心的創傷。你或許可以找治療師幫忙。有些機構也提供創傷支持。然而，精神科醫師、心理學家、心理治療師和社工雖然有執照，卻不一定受過創傷治療的訓練。

前面提過，少數人會對創傷產生強烈反應，而且長久難以平復。對創傷的強烈反應只要超過一個月，就是所謂的創傷後壓力症候群。這種現象在美國退役軍人家庭的發生率很高。近年來陷入動亂的國家，創傷後壓力症候群的發生率也很高。[12] 二〇〇七年，生活在加薩走廊的孩童，創傷後壓力症候群的發生率高達七成。[13]

創傷後壓力症候群的症狀複雜又強烈。我研究並處理過這類個案，我自己也經歷過它的折磨，因此迫使我走上原諒一途。在這裡特別提到這一點，是因為我發現原諒對處理創傷來說非常重要。為什麼？因為我們總是認為有人要對創傷負責，包括我們自己。而研究也證明，原諒能減少創傷後壓力症候群的症狀。[14]

這種症候群最初是在越戰被發現的。醫生察覺從戰場歸來的士兵因為頻頻做惡夢和不斷回想戰場上的高壓情境，而喪失了行動能力。這種現象在二次大戰時被稱作「作戰疲勞」（battle fatigue）。從一九八〇年代開始，心理學家開始使用創傷後壓力症候群這個名稱。後來他們認定它可能發生在任何飽受長期創傷的人身上，例如受虐兒。[15]

查爾斯·費格利博士是創傷及創傷後壓力症候群的研究權威。他指出這類患者有以下特點：[16]

- 腦海中反覆閃現、回想或夢見令人痛苦的事件。
- 竭力避免接觸會勾起回憶的人事物。
- 異常焦慮，無法放鬆。
- 想起創傷事件就會無法自拔。
- 症狀持續超過一個月。

除此之外，患者還會出現以下症狀：[17]

- 恐懼症和焦慮症（尤其是曾經淪為戰犯、人質或逃過天災的人）。
- 成癮症。
- 憂鬱和／或強烈的罪惡感。
- 出現身心症狀，住院次數增加。

• 時間感改變（尤其是小孩）。
• 悲傷反應，一直有尋死的念頭（尤其是經歷的創傷中有人喪命或差點喪命）。
• 人際衝突和脾氣失控的次數增加。
• 曠職，曠課，犯罪行為。

如果是家庭的創傷，出現症狀者可能不只一個家庭成員。若是你有創傷後壓力症候群，向人求助吧！若是你陪伴他人面對創傷，為他們尋求幫助，尤其要說服他們拉自己一把。

國際知名的創傷專家貝塞爾・范德寇醫生（Bessel A. Van der Kolk）所做的腦造影研究指出，創傷事件發生時，大腦的非語言區最為活躍，掌管語言和事件描述的區域則會自動關閉。[18]

當創傷受害者終於「開口說」的時候，他們可能會藉由憤怒的「聲音」、酒精或藥物成癮，甚至肢體暴力來表達。這也表示人們不一定要藉由談論創傷才能化解創傷。范德寇醫師特別強調氣功、太極拳、瑜伽、跳舞和呼吸具有安撫身體的力量。[19]他的創傷中心教人們透過生理紀錄回饋進行自我控制，並利用眼動減敏與歷程更新這種強大的方法幫助人們化解恐懼和煩惱。[20]但這些方法只能經由合格的治療師進行。另一個類似的方法大家都能做，名為情緒自由術（Emotional Freedom

Technique, EFT），不但簡單好學，沒有副作用，還能帶來力量。

複雜性創傷後壓力症候群

顧名思義，複雜性創傷後壓力症候群（C-PTSD）是一種更加嚴重和棘手的心理疾患，因長時間反覆遭受創傷而形成，受害者可能長期受虐、被照顧者遺棄，或是人際關係受挫。它跟情緒、身體或性的虐待有關；童年缺乏關愛、家暴、被綁架、被抓去當人質或奴隸、人口販運、淪為戰俘、被霸凌、待過集中營、在寄宿學校遇到狼師、加入邪教等等創傷經驗都是可能的原因。這些被拘禁和誘拐的經驗造成當事人長期的恐懼、無助、自我價值感低落，以及自我認同和自我認知扭曲。

原諒與創傷後壓力症候群

創傷或創傷後的效應之所以發生，多半是因為他人的行為對我們造成了傷害。若是我們無法接受已經發生的事，心中的怨恨就會日漸累積。而原諒能停止持續不斷的內在對話，還有腦中一再重播的受創畫面。「釋放力量的原諒步驟」之所以有效，是因為它用完整且有條理的方式來處理整個事件。考慮到創傷的強度和它所造成的長期影響，我建議跟有經驗的諮商師一起進行釋放力量的原諒步驟。[21]處理所有重大傷痛時，安全都是第一考量。務必要讓接受治療的人感到安心。善意與體貼能收事半功倍之效。

退伍軍人

馬克・沃克（Mark WAlker）在探討目擊戰場犯罪和置身大屠殺現場的心理後果的研討會上，發表了〈道德創傷作為一種戰爭傷害〉一文。他在文中提到：「一群心理健康專家把軍隊在戰場上目擊或從事不好的行為時，心裡感到的愧疚與自責稱為道德創傷（moral injury）。他們表示，伊拉克和阿富汗的士兵隨時要面對軍隊或平民的大屠殺，有許多軍人飽受創傷後壓力折磨，這種嚴重且使人耗弱的焦慮會打擊士氣，影響及於五分之一的作戰部隊。」[22]

美國退伍軍人事務部的這群心理學是由布萊特・里茲博士（Brett Litz）領軍，他們表示道德創傷來自「從事、未能阻止、目擊或聽聞違反根深柢固之道德信念與期待的行為」。[23]他們認為這種經驗可能對情緒、心理、行為、心靈和社交造成長期的負面影響，甚至導致創傷後壓力症候群，包括退縮、自責和逃避。[24]

利用原諒來減輕軍隊的壓力症狀再適合不過。事實上，針對接受創傷後壓力症候群治療的退伍軍人所做的一項研究發現，最嚴重的創傷後壓力症候群和憂鬱症狀都跟無法原諒密切相關。[25]此外，美國退伍軍人事務部底下的創傷後壓力症候群中心在「心靈與創傷網站」中，四次提到原諒對創傷後的復原過程有多重要。[26]

問題是，誰懂得如何幫助他人有效地原諒呢？就算有原諒療法，可惜牧師、神父、心理學家和治療師都對它很陌生，所以這些方法也沒能派上用場。那就好像盤尼西林剛問世時，我們仍然看見醫師因為傷口感染就為病患截肢。我曾經罹患創傷後壓力症候群多年，是心理的原諒步驟把我拉出重度憂鬱的深淵。它確實有效。

所以，請讓周圍的人知道有方法可以求助，以及原諒療法的效力。告訴你的牧師、神父或治療師這件事。把這本書送給他們。我們可以停止道德創傷引發的悲劇和對退伍軍人造成的傷害。幫助退伍軍人需要技巧，也要熟悉軍隊的文化。你可以上美國退伍軍人事務部底下的美國創傷後壓力症候群中心網站搜尋更多相關資料。

不過，務必記住，退伍軍人跟其他創傷後壓力症候群患者一樣，都必須先能看見原諒的價值，才可能走上復原之路。

同情疲勞

還有一種創傷是間接的創傷，可能經由聽聞當事人描述創傷經驗而間接受到創傷，或是反覆看見電視上的駭人事件而感到受創。臨床醫師或聽到倖存者生動描述創傷經驗的人，對事件產生的想法或情緒反應有時會引發一連串類似創傷後壓力症候群的症狀，例如重溫創傷、逃避、焦慮不安。創傷造成的這種間接結果又稱為「同情疲勞」。

神職人員、社工和諮商人員都必須處理當事人的創傷對他們本身造成的衝擊。經常傾聽他人創傷經驗的人，也必須時時重新找回工作的成就感、動力與支持。[27]

原諒自己爲何又如何有效？

我們常會覺得自己也要為生命中的創傷負起責任。原諒自己犯的錯（無論是理性或非理性的錯），你才能避免那些事繼續傷害你，尤其是當你無法擺脫愧疚感並對自己產生負面評價時。藉由原諒自己，面對與解決「要是」和「早知道」的內心獨白，你對事件的看法就會徹底改觀。

在創傷關係中，原諒自己才能抹去愧疚和遺憾，進而從錯誤中學習，並建立一套面對未來錯誤的新方法。建立在愛而非指責上的關係更能帶來滿足，最好的自我才有發揮空間。各種關係都是如此。

如果一個人在高壓狀況下做出了不當的反應，通常會因此覺得羞恥、遺憾、愧疚和自責。這樣的錯誤行為或許看起來不可原諒。這時候若你能理解「壓力反應在所難免」，原諒就能開啟。只要記住，「大腦的壓力反應並非真正的你」，你就可以走出愧疚和自責的牢籠。

你並不等同於壓力反應本身。壓力反應只是大腦強大的生存機制在錯誤的時間介入事件。

此外，要記住，原諒自有它的時間。一個人遇到可怕的事並產生壓力反應時，強迫他們原諒只是白費力氣，說不定還會讓對方更生氣。情緒尚未平復時，應該使用其他方法，例如冥想放鬆法、按摩、散步、心理治療。對於願意考慮原諒的人，「釋放力量的原諒步驟」搭配其他療法會很有幫助。

我很欣賞這句搞笑的公告，因為它點出了自責有多瘋狂：

管理部門公告：打罰會持續到士氣提升為止！

第四部
開始原諒

原諒是一種藝術，
幫助我們把腦袋往更開闊、更快樂、
更能接納他人和自己的方向推進。

第十三章　原諒的練習和祕訣

——原諒你想原諒的人，仇恨就再無容身之處，
你將感到喜悅、愛、平靜和如釋重負。

簡述「釋放力量的原諒步驟」

我在本書第一部強調，原諒有不同的階段和步驟。面對每件難以原諒的事，都要一一通過這些階段；有些階段很快，有些比較耗時。

無論如何，你必須投入時間才能完成這個過程。時間長短完全由你自己決定。想當初我一旦下定決心原諒就全心投入，一口氣努力了好幾個鐘頭，直到覺得完成為止。也有人認為分很多次、整個過程延續得更久，原諒會比較有效。其實都可以，只要照著下面列出的步驟進行。

「釋放力量的原諒步驟」重點整理：

第一階段：挖掘心中的所有怨恨

第二階段：按照步驟一一原諒

- 步驟一：化解怨恨
- 步驟二：擴展你的理解和同情
- 步驟三：認清你對對方的看法已經改變
- 步驟四：原諒他人，接著原諒自己

• 步驟五：對於獲得療癒表達感謝，重複一到四的步驟，直到你原諒了所有事

第三階段：覺察內心的轉變

原諒是一個過程，包含一連串行動，每個行動又可以分成幾個步驟，幫助我們從不同的、更有彈性的方式去看待負面事件。原諒也是一種藝術，幫助我們把腦袋往更開闊、更快樂、更能接納他人和自己的方向推進。通常要先有理解和同情，原諒才能夠發揮功效。一旦有了理解和同情，我們就會自然而然選擇原諒，或是更容易做出原諒的決定，身心也能得到復原的機會。

若是沒有先深入探索內心的糾結，沒有理解大腦的原廠設定如何阻礙原諒，要做出原諒的決定就會困難重重。

原諒的強大力量

藉由許多問題、練習和建議，我們看到了原諒的不同面向。我發現一旦熟悉這些面向，原諒的整個過程就會變快。對大多數人來說，原諒並非一蹴可幾的事，雖然它能藉由練習變快，但剛開始還是得下點工夫。讀到這裡，你應該已經了解這一

點，而且大概也還在持續努力。底下的暖身工作，能幫助你更有效地達成目標。

原諒自己或他人時，你必須用現在的智慧去檢視過去的怨恨不滿。假如你能察覺自己在某種程度上也做過類似的事，就能把「謙卑」加入「原諒的方程式」中，並進一步原諒自己，這樣的原諒才能長久延續。這是基本的原諒步驟和目標。照著步驟做就能帶來轉變。

有個治療師跟我說：「釋放力量的原諒步驟不可能有效。一輩子的傷痛不可能就這樣放下。」然而，抱持這種觀點的人，並未認清我們的真實自我，不認為愛才是人類的存在核心，而神聖的力量會幫助我們達成原諒的目標。愛因斯坦的那句話正好道出這裡的重點：「你無法在製造問題的同一種思維層次上解決問題。」

如果你的角色是支持他人原諒，例如輔導員、諮商師或朋友，別忘了跟你所信仰的崇高力量保持連結，尊重並肯定你幫助的人為了放下怨恨所做的努力，這就是對他們最大的支持。單獨進行原諒會比有人陪伴困難許多。有人從旁給予肯定，會讓整個原諒過程更順利。

輔導員／諮商師也必須檢視自己遇到的類似問題。根據我所受的心理治療訓練，治療師會經由當事人看見自己的問題。或許個案無法或不願意原諒，但諮商師在過程中會發現自己的生命也受到影響。從很多方面來看，輔導員或諮商師也是原諒過程的參與者。他們扮演的角色舉足輕重。

留意心理和心態上的轉化

進行原諒步驟時，我最重要的發現是原諒可能轉瞬就會發生，因為很多想法和心理上的小轉化會促成大改變。伴隨著這些小轉化，我們重新拿回了原本被負面情緒和心態挾持的生命能量。

在原諒的過程中，請特別注意身體的變化：

- 留意那種突然領悟和鬆了一口氣的感覺。
- 留意身體和主要肌群的變化。
- 留意體溫和呼吸的變化。
- 留意身體能量的高低，覺得缺少能量時就休息一下。
- 留意觀點和理解程度的改變，也就是突然領悟的那一刻。

利用以下問題測試「身體有感的轉變」：

- 進行原諒步驟時，我是否覺得痛苦減輕或解除了？
- 我該休息一下嗎？

- 我是否感受到些許的愛和理解進入內心？
- 目前這樣算完成了嗎？

底下是進行原諒步驟時要注意的重點：

- 安全：隨時留意自己的狀況。進行諮商和衝突調解時，每一方都要覺得自己是安全的，即使是單獨進行原諒步驟時也是。覺得超過負荷就休息一下，做些放鬆運動或慈心觀。
- 專注於最高目標：設定最高目標或理想會有助於進行原諒。專注於鼓舞你原諒的動力。
- 找到原諒的意義：善用你的核心價值或人生信念，例如第七章提到身處集中營的狂野比爾，或是遠赴南非原諒傷害女兒的凶手的爸媽。尋找事件本身的深層意義。
- 認真投入：你要願意原諒、打算原諒、決定原諒。
- 感受情緒：原諒時務必留意自己的情緒。尋找表面底下的情緒。逃避讓人難受的情緒雖然正常，卻無助於原諒。你無法擺脫隱藏的情緒。
- 尋求真相：誠實面對自己。一旦知道真相，療癒就會展開。對自己誠實是身心健康的第一要件。而心理的防衛機制會阻礙我們看見事情的真相。

・尋求內在的幫助：當你不確定要做什麼，或如何理解你正在處理的心結時，安靜下來，交由心中的神聖助力為你指引。把問題交給它，專心傾聽。信任神聖之愛。

・心懷感激：每當你能對人事物心懷感激時，你就改變了對它們的看法。原諒的最後，務必抱持感激之心。你從這件事得到什麼收穫？那個人有什麼你可以感謝的地方？

原諒的祕訣

底下的諮商智慧非常有助於原諒。由於很少諮商師使用，所以我稱之為祕訣。

進行原諒步驟的祕訣

・利用你的直覺：大多數人內心都知道怎麼做才對。

・尋求支持：他人的幫助會讓原諒過程更快速更容易。

・拆解事件：一個人一個人、一件事一件事分析。列出對方做的每件事，拆解怨恨。若對象是機關組織，就列出代表該組織的所有人。只要想到一個，其他人就會陸續浮上腦海。

- 尋找更早期的類似事件：尋找跟你現在面對的事件類似的早期經驗。面對過去你無法原諒的人事物。只要能化解我們對家庭、信仰和文化的怨恨不滿，我們就更能欣賞生命之美。
- 懷抱謙卑：謙卑帶來同情，使我們願意去了解他人的處境。它撫平大腦的壓力反應，使我們得以擺脫必須責怪和攻擊他人才覺得安全的心理防衛機制。
- 善用想像力：要了解對方在想什麼，你就得設身處地想像他們的處境。
- 原諒自己：能夠原諒自己，原諒才能徹底和長久，因為你不再需要為了保護自己和提高自我價值，而把對自己的不滿投射到他人身上。

實際操作原則

- 療癒的經驗靠的是心智的基本運作原則：腦中的想法不可能同時往相反方向跑，想去哪裡就去哪裡。怨恨、愧疚、憤怒和恐懼把心智帶往跟愛、幸福和平靜相反的方向。除非你願意放下怨恨和恐懼，否則深層的改變難以發生。

- 原諒的目的是「放下所有怨恨」，那表示跟其他人的新仇舊恨從此一筆勾消。這是生命最大潛能（包括身體、心理、情緒、心靈）得以釋放的關鍵。
- 意願很重要，因為你願意，你才會認真投入原諒的步驟。有些人必須先處理內心對原諒的抗拒，確保原諒的迷思沒有形成阻礙。
- 找一個安全舒服的地方進行。大腦在安全的環境中最能發揮功效。
- 每當你覺得自己被壓力反應控制時，先平靜下來或停下來。人是身心靈的複雜綜合體，不是原始的壓力反應。我們常常錯把這些壓力反應當作是自己，但那並不是你！
- 原諒是我們的心對同情和愛敞開的過程。對自己或他人表達善意或仁慈能夠帶來療癒效果，同時具有轉化的力量。因為如此，原諒才力量強大，因為愛就是人類的存在核心。
- 找到仇恨的化身或象徵。我們的腦袋喜歡比喻法。面對難以原諒的人事物，想想他們是否象徵你生命中其他曾經帶給你類似經驗或感受的人，例如你的老闆或父親。
- 原諒自己才能釋放愧疚、羞恥和自責。在自我療癒的過程中，原諒自己跟原諒他人一樣重要。愧疚和羞恥會阻礙我們活出幸福圓滿的生命。

- 認清自己的價值，避免妄下評斷。他人違背我們的道德觀、價值觀和準則時，我們往往就會責怪他們。而我們若違背自己的道德觀、價值觀和準則，則會感到愧疚和羞恥。
- 原諒就是用不同的觀點重新檢視自己和他人。要不斷重新評估我們評判別人和自己的標準。
- 我們對外在世界的反應，其實反映了我們的內在世界。熟悉本書的論點之後，你會知道你看到的外在世界，其實反映了你的內心世界。因為如此，找到自己的「投射」很重要。你在他人身上看到的就是你自己，以及你的判斷和準則。理解這一切之後，所有原諒都變成了自我原諒。
- 愛是一切的關鍵。愛是付出，愛是原諒。

事前準備

- 準備一支筆和很多紙。
- 為自己預留一段充足且不受打擾的時間。你會需要最少三十分鐘到兩個小時，甚至更久，視你目前進行到哪個階段而定。我自己是一連好幾個鐘頭，不過我對這種內在功課已經很熟練了。

- 吃東西無妨，只要別因此分心。要注意的是，面對難以原諒的事，你會有想要逃避的衝動。留意自己是不是因為焦慮而想吃東西、抽菸或喝咖啡。有時候想分心的渴望，就是心理的防衛機制正在阻礙你原諒的跡象。
- 找人幫忙，參與原諒的團體可以獲得極大的成效。
- 不要藉助藥物或酒精。我指的不是醫療用藥，而是迷幻藥。這些只能暫時麻痺壓力對你的影響。探索內在時，藥物或酒精只會阻礙你深入挖掘內心。
- 冥想，靜坐，放鬆。從簡單的開始。

我多年來的良師益友安哲莉．亞立恩說：「除非你針對孕育你的家庭、國家和信仰進行校正，否則靈性之路就無法更進一步。」

所謂校正就是修正錯誤。原諒最初的信仰之後，我重新體會到年少時與上帝的深刻連結。要是沒有修正一開始的錯誤，校正我跟過去的關係，我就不會找回那種體驗。

曾經有人問我：「如果你知道自己的生活出了問題，卻想不出來有什麼事不對勁，那該怎麼辦？」我建議他列出心中所有的怨恨不滿。一旦寫下來，他就會串起那些被遺忘的事。你必須做好準備和願意面對自己的內心世界，才能真正做到原諒。

基本原則總複習

- 藉由最高目標的激勵保持動力。
- 寫下目前你心裡的煩惱或過不去的事；這個方式會是你最常使用的工具。寫下你所有的怨恨和愧疚，能夠提供你進行「釋放力量的原諒步驟」的素材。
- 一開始不要選最難原諒的事。選你願意原諒的事，盡可能釋放你的負面情緒。你會因此獲得能量並知道接下來該選哪一件事。
- 一旦解決並放下難以釋懷的心結，你會發現自己得到更多能量，之後的速度就會更快。藉由所有原諒的步驟，你拿回了過去耗費在無法原諒的事上面的情感和心靈能量。
- 每一次原諒，你應該都能感受到改變，也就是身體有感的轉變。當你允許這些被你原諒的人掠過你的腦海時，特別留意身體的緊繃程度和內心的感覺。列出了這些人，你很快會知道自己是否原諒了，因為你的心裡會感到平安；當然也可能要原諒某些人會比較費力。這個過程會愈來愈輕鬆，而最後的結果一樣是喜悅、平靜、充滿愛的心境。
- 一旦真正原諒，心中再無一絲怨恨，你對原本懷恨在心的那個人只剩下中立或正向的感受。一一原諒你想原諒的人，仇恨就再無容身之處，你將感到喜悅、愛、平靜，以及如釋重負。

- 對你列出的所有人事物重複同樣的步驟。
- 有時候光是承認自己對他人做過類似的事，就能放下內心的怨恨。
- 如果你覺得卡住的時候，就再複習一下原諒的祕訣、重點和原則。
- 盡可能把問題拆解。
- 順著步驟下來，你會發現自己速度愈來愈快。原諒變得更加容易，但得到的喜悅、平靜和愛是一樣的，甚至更多！假如你完成全部的步驟，到最後你只要想到那個人就能立刻原諒，因為你拿回了屬於自己的愛和力量。

第十四章　釋放力量的原諒步驟

你看見的世界反映了你內心的想法。

「釋放力量的原諒步驟」分成三階段：

階段一：面對心中的所有怨恨

階段二：按照步驟一一原諒

階段三：覺察內心的轉變

第一階段你要把自己無法原諒的人事物都挖掘出來。一個一個寫下來，不要任由他們在你的意識底層潰爛。

第二階段正式進入原諒，一次針對一個人或一件事。這部分要進行的，是我們在前面幾章說過的原諒基本工。當你原諒了所有人，心中的怨恨一掃而空之後，轉變就發生了。接下來便進入第三階段。

切記，「釋放力量的原諒步驟」的目標是把你怨恨不滿的人一網打盡，不再任由他們躲在你的意識底層，造成你的痛苦。

如果你才剛開始嘗試，建議你不要一口氣寫下所有的怨恨不滿，除非你正在參加有老師指導的密集靜修營，有固定的作息和空間，能專心完成全部的步驟，不會被心中的仇恨牽著走，因此陷入負面情緒中。

要是你已經讀完整本書，不但有些成功原諒的經驗，也覺得自己準備好了，那就寫下心中所有的怨恨不滿。不過，你必須馬上把原諒步驟貫徹到底，不要等到下次。若是過程中覺得難受，那就一次只針對一個人，切勿挑選你覺得最難原諒的那個人，要把「難度最高」的留到後面。先熟悉步驟並累積一些成功經驗。

階段一：面對心中的所有怨恨

寫下你討厭、痛恨、恐懼、氣憤或評價很差的人、組織、地方或事件。一個人或一件事可能會包含很多負面情緒或行為。這個階段只要把你想原諒的人或事寫下來就好。（若是你覺得面對某些人事物太痛苦，可以等到對這整個過程更有把握時再說。量力而為，這樣就會為你帶來面對難解心結的能量。）

這個階段要釐清的主要問題是：

問題一、是哪些人或哪些事讓我憤恨難平？

問題二、他們做了什麼事讓我至今耿耿於懷？

問題三、把問題拆解成小單位之後再一一擊破，直到全部完成。

作者叮嚀：拆解你的憤恨情緒。把每個問題拆成一小項一小項。一件事可能有二十個需要原諒的小項目。同樣的，一個嚴重事件裡的當事人或許犯了二十個錯。原諒每一個錯之後，再處理下一個人。一個一個原諒，比一次原諒全部來得容易。

下列問題可以幫助你更深入檢視問題一和問題二。

- 我有什麼情緒需要宣洩？
- 原諒誰對我來說很困難？
- 我想要原諒自己做了什麼事嗎？
- 有沒有哪些事我就是無能為力或不想放下和原諒？
- 有沒有什麼行為是完全不可原諒的？
- 有沒有什麼事常會讓我出現負面反應？
- 目前我有沒有受到不公對待的情況？

不用寫太多，只要能激起記憶就已足夠。一句話或幾個字或許就能讓你記起整個事件。這份清單是給你一個人看的，不用顧慮別人。當初我列出的清單長達三十頁，把心裡過不去的事全部化成白紙黑字。

寫下所有怨恨不滿很重要。一口氣完成可能會讓你情緒太激動，難以承受。我之所以這麼做是想要把所有委屈都寫下來，才能一次解脫。對你來說或許分批進行比較容易。

寫下來並且把問題拆解完之後，下一步就是選擇要從哪一個項目開始原諒。這個過程並不容易，我建議先解決比較小的問題。有些人喜歡一開始就挑戰難的。每個人的方法和接受度都不同。一旦決定從哪件事下手，盡可能一次完成所有步驟，直到你原諒為止。一次至少一個小時。幫助他人原諒時，我喜歡一次投入好幾個小時，不過那取決於你和從旁協助你的人。

階段二：按照步驟一一原諒

步驟一：開始化解怨恨

這是處理怨恨情緒的第一步，也是本書第一到第八章探討的主題，第九章重新把重點整理一遍。有了前幾章的知識，這個步驟可以很快就完成。

要注意的是，步驟一可能很快就搞定。一旦你了解每個步驟，它就會變成你確定自己沒有遺漏的核對清單。步驟一包含：

- 做出適當的選擇：拆解你內心的怨恨不滿，從中選出一項來進行。
- 檢視自己的意願：確定你願意面對那件事。

- 專注於激勵你原諒的動力：動力愈強，成效愈大。
- 有效地處理情緒：每當你想起某個事件，有其他情緒潛藏在表面底下，或混雜在主要情緒裡嗎？例如絕望、羞辱或愧疚？當時你害怕會發生什麼事？
- 釐清你的需求和別人對你的虧欠：釐清別人虧欠你什麼，以及你真正想要什麼，這是很基本的要求。
- 正視記恨的實際後果：記恨有什麼好處？又有什麼壞處？
- 處理內心對原諒的抗拒：確定你沒有被原諒的迷思影響。若有需要，回顧第三章的原諒迷思，確保這些迷思沒有阻礙你原諒。
- 試試看你能否原諒：你能夠為了自己好而原諒對方嗎？即使對方不值得你原諒，你可以把原諒當作是對他人或自己的同情和仁慈嗎？

步驟一再進化

步驟一是原諒的基本工。很多人藉由以上八個小步驟就得到了效果。這八個步驟基本上就是根據前八章而來。

之後的步驟會更加深入問題，直到整個過程完成。包括：

- 更進一步深入事件。
- 改變我們對他人的看法。
- 檢視把怨恨的真正原因隱藏起來的內在機制。
- 從負面事件中尋找正面意義。
- 原諒自己。

繼續努力，直到你放下所有怨恨不滿為止。

步驟二：擴展你的理解和同情

實際原諒時，理解是釋放感受和打開心房的關鍵。在步驟一，你嘗試放下內心的仇恨，步驟二則是利用一些方法和指引，加深你對他人和自己的理解和同情。底下任何一個「技巧」都有助於達成你想要的原諒。照著列出的技巧試試看，當「身體有感的轉變」出現，你就知道自己做到了。

一旦你理解大腦如何運作，以及人類如何發揮大腦功能，你就會對自己的人性面產生同情。而同情能平息憤怒或怨恨等等情緒之火。

人類的生理發展過程中，情緒系統（邊緣系統）比智力系統更早發育。就算是青少年時期，我們掌管智力的大腦神經細胞也尚未發育成熟。由於情緒系統較早發育，因此情緒很擅長關閉我們腦袋掌管理性思考的那一邊。然而，我們從心理學和大腦研究中得知，把理性之光照進焦躁不安的情緒有助於緩和情緒。這是因為新皮質左前葉掌管理性分析和線性思考的大腦，就是為了管理情緒系統而演化出來的。

步驟三：體認自己的改變

進行原諒的步驟時，你會感覺到自己的觀點和態度出現改變。這時候你要花點時間感受內在的變化，重新在你的大腦中喚起你已經原諒的那個人或那件事，看看自己心裡是否還留有怨恨或創傷。如果還有負面情緒，就重新回到你在前一個步驟中斷的地方。

一旦你原諒某個人或某件事，第一層的原諒就完成了。這時你的原諒速度可能會突飛猛進，每個步驟只要一下子就能完成。只要你對他人曾經做了什麼對不起你的事產生明確的情緒轉變，那就表示你做對了。繼續利用以上步驟來原諒對方犯過的錯，你就能夠徹底地原諒他們。

當你覺得自己已經原諒這件事，就移往下一個步驟「原諒自己」。利用上述技巧擴展你的理解和同情之後，你將會：

- 改變觀點，開始正面看待對方或事情本身。
- 原諒當事人。

接下來是透過自我原諒，徹底化解內心的仇恨。

步驟四：原諒自己

你看見的世界反映了你內心的想法，所以一旦你能認清你想原諒的事其實跟自己有關，就會有所幫助。也就是說，要徹底原諒，你必須完成第二層的原諒，也就是你自己犯過的類似錯誤。

首先你要面對的是：這件事會發生，你要負起什麼責任？看看你原諒的人所做的事，想想自己是否也難辭其咎？回答下列問題或許會有幫助。

- 這件難以原諒的事反映了我自己的什麼事嗎？
- 我是否對他人或我自己也做了類似的事？（嚴重程度或許不一樣，但性質類似。）

作者叮嚀：若是你沒有原諒自己，怨恨的情緒可能以另一種方式轉移到其他人身上。

接下來，原諒自己曾對他人或自己做過類似的事。

我不知道你要怎麼樣才願意原諒自己。很多人最後是累了，決定放下長久以來的心理重擔。完成原諒步驟之後，彼得對我說：「我發現自己痛苦夠久了。痛苦就是我得到的懲罰。我決定到此為止，也因此能夠放下我對自己的憤恨不滿。自此之後，我比較能同情自己，也知道我把自己折磨得有多慘。每一次原諒，對我的心都是一次解脫。」

針對你要原諒的事，問自己以下問題來達成自我原諒：

- 我願意原諒他人犯的錯，那麼我也準備好原諒自己犯的錯誤嗎？
- 我能夠如同原諒他人一樣，原諒自己犯的相同錯誤嗎？
- 我對於自己犯的錯感到愧疚嗎？
- 要怎麼做我才能原諒自己？我需要補償任何人嗎？
- 基督信仰者可以自問：我能夠接受上帝對我的寬恕嗎？

當你覺得你已經原諒自己，這個步驟就算大功告成，可以移往下個步驟。

步驟五：在感恩中獲得療癒

徹底原諒一件事，代表你原諒了對方，也原諒了自己。掙脫了強烈的負面情緒之後，感恩的心便會油然而生。底下的問題能幫助你為這件事劃下句點。在這個步驟裡，你要做的是想想自己從中學到什麼，以及如何得到幫助。

想想這個人出現在你的生命中，是否讓你學到一些事？除了感謝自己能一路走到今天，現在你也不再只是用自己的觀點看待對方做的事。其他有助激發感恩之心的問題有：

- 這件事有什麼地方值得你感謝？
- 它教會你什麼？
- 它是否讓你變得更堅強、更能幹、更成功？
- 你從中學到什麼？
- 對方如何幫助了你？
- 對方如何幫助了其他人？
- 他們如何為你的人生帶來正面的改變？

若是你已經原諒這件事，也原諒了自己，用心體會原諒的感覺。這時你不會再感受到敵意，正常情況下你會對對方產生善意的關懷。

若是你覺得威脅被解除，你甚至可能想把感謝傳達給對方。瑪麗露就是一個例子。她透過原諒步驟化解跟一名前輩的心結，後來還寄了一封信感謝對方這些年來對她的幫助。底下是表達感謝的適當方法：

- 感謝信
- 花束
- 回函
- 當面致謝

你甚至會想跟對方和解。但請先繼續化解下一個心結，把全部步驟都完成了再說。療癒步驟的第二部分，是挑選另一件你無法原諒的事。藉由同樣的步驟原諒對方和自己，完成療癒，直到原諒清單全部清空為止。一再重複前面的步驟，直到你原諒所有的怨恨不滿。

一旦放下所有怨恨不滿，消失已久的喜悅、平靜和愛就會重回你的心田，把你帶往下一個階段。

增進理解和同情的方法

有很多方法能加深我們對他人的理解，進而改變我們對事情的看法。改變觀點確實是諮商的藝術，無論提供諮商的是朋友、神職人員、原諒諮商師，還是心理治療師。而這些方法也讓你可以成為自己的原諒諮商師。不過我還是建議你找一個熟悉原諒步驟的人協助你，帶你完成整個步驟，不要自己同時扮演案主和諮商師。

我把書中提過的有用技巧整理如下，它們能幫助你加深對事件、他人和自己的理解。

技巧一：找出自己的行為準則

討論到公平正義時，釐清自己的準則、價值觀及待人處事的原則是必要的。

- 對方或你自己沒有遵守你的哪個原則？
- 你的哪些價值觀被否定或漠視？
- 哪些準則被打破？

針對你的準則、原則和價值觀，你可以問：

- 雖然我覺得別人應該遵守我的原則、價值觀和準則，但若把對方的人生經驗考慮進來，我的期望合乎實際嗎？
- 我一直都能遵守自己的原則和準則嗎？
- 我是不是也對別人或自己做了一樣的事？

技巧二：改變你的觀點

改變你看待對方或事件的方式，就是你開始把人和行為分開的起點。如同泰瑞・哈格里夫博士（Terry Hargrave）所說的：「當身為受害者的你開始能夠理解加害者的侷限時，你就能看出他具有的人性。」[1]

想要改變觀點，有時我們需要上帝的視野。碰到看似無法原諒的事時，務必牢記自己的最高目標，這樣才有可能改變觀點。改變觀點是放下怨恨的必經之路。

問問自己：除了我的觀點，有沒有可能有其他觀點？同樣的，僅僅是願意考慮其他觀點就很重要。想證明自己是對的渴望常會凌駕找出真相的渴望，因而妨礙我們接納其他觀點。

我有個學生在課堂上一直激動地抱怨有個建築商騙了他，害他家人很頭痛。從他的觀點來看，他說的確實沒錯，我也同意對方做的事並不正派。然而，我知道當一個人滿腔怒火時，若是他真的想要好過一點，就不能只管誰對誰錯的問題。

後來他在做報告時終於發現，其實對方也賠上了金錢和時間。看待事情的觀點一改變，他對對方的看法也跟著改變，他終於不再那麼憤怒。改變觀點並沒有合理化發生的事，卻讓他理解對方為什麼會這麼做。

設身處地，換位思考：

在你的筆記本上寫下從對方的觀點看到的事件。根據你對對方的背景和經驗的了解，寫下他們對事件的看法版本。試著去理解這件事從他們的立場看來會是如何。這麼做可能很難，尤其如果你們之間有深仇大恨的話。

如果你發現自己十分抗拒，利用冥想或祈禱來完成這個練習。記下你覺得過不去的地方。

- 寫下你認為對方相信的道德標準，這套標準應該會影響他們的行為表現。
- 你認為對方有什麼恐懼、希望、好惡，寫下來。
- 在那樣的家庭長大是什麼感覺？
- 來自那樣的文化或時代是什麼感覺？

- 他們面臨什麼樣的問題？
- 他們的情緒管理能力如何？
- 他們對你、對其他人有何期望？

假如你對對方的認識不夠深，無法做這個練習，可以問問可能知道的人。舉例來說，露西從姑姑那裡得知父親從小就受到他的父親（也就是露西的祖父）的暴力對待，因此才原諒了父親。

從對方的立場寫下事件時，留意你身體有感的轉變。注意你對事情的理解有沒有出現改變。你可能會有新的洞察，把它寫下來。一旦熟悉這個方式，整個步驟很快就能完成。

把眼光放遠，看見全貌：

- 這件事跟你認知的「因果報應」或「神聖計畫」如何呼應？寫下來。
- 這個人出現在你的生命中是為了替你上寶貴的一課嗎？

其他幫助你改變觀點的問題：

- 還有什麼看待這件事的方式？

- 我可以聽聽持不同意見的人的看法嗎？
- 我可以從他人那裡得到幫助嗎？
- 客觀的旁觀者會怎麼看待這件事？
- 我遺漏了什麼？我是不是忽略了自己對這個不幸結果該負的責任？
- 我是不是做了不應該做的事？
- 我是不是出於對什麼人的忠誠才一直對這件事耿耿於懷？

想要改變自己的觀點，務必：

- 寫下從對方的角度來看理直氣壯也完全正確的地方。
- 觀察自己的觀點和感受在這階段是否出現轉變。

技巧三：面對自己的防衛機制

既然你已經能從對方的觀點去看待整件事，接下來就要更進一步。

記住，捍衛自己是大腦的本能。因此，誠如第十章所述，我們常把自己犯的錯推給他人，然後否認自己做錯了事。人們捍衛自己的一個方法，就是生氣或覺得受傷。把自己內心的感受怪罪在他人身上，我們就能維持理想的自我形象。承認自己的反應可能源自於「投射」這種防衛機制，需要很大的勇氣。所謂的投射，就是藉由怪罪他人來逃避自己有錯的痛苦。

假如你能看出自己也做了類似的事，原諒就會更容易，因為謙卑進入了你的視野，使理解和同情得以發生，防衛機制也在這一刻鬆動。若是自我原諒不夠徹底，心理的防衛機制還是會再度出現，所以我們才要把「原諒自己」納入步驟。

藉由底下問題尋找投射的跡象：

- 中立的旁觀者會如何看待這件事？
- 針對這件事，我有沒有加油添醋？

要破解自己的心理防衛機制，你可以問問下列問題：

- 中立的旁觀者會如何看待這件事？
- 想想你自己是否也做了類似的事，或許沒那麼嚴重，但性質一樣。也有可能是對自己，而非對他人所做。
- 若是有，問問自己：我能原諒對方做了跟我一樣的事嗎？或是原諒對方破壞了我心中那些不切實際的價值觀、道德觀或準則嗎？我能原諒自己做了同樣的事嗎？

到目前為止，你已經做到了：

- 檢視自己要為創傷和怨恨負起的責任。
- 改變自己的觀點，進而看見對方的人性。
- 認清自己的期望不切實際。
- 找出無法強迫他人遵守的價值觀和不切實際的準則。
- 更能同情和理解他人的觀點

技巧四：善用方法促進正面思考

尋找一件事的深層意義：

原諒能增進你愛人的能力，因為它需要你改變看待世界的觀點。有了這個新的觀點，你就能找到透過原諒而釋放的深層意義。問問自己：

- 這個傷痛經驗教會我關於自己、他人和這個世界的哪些事？
- 我從這個經驗中得到哪些成長？
- 這個經驗讓我對愛和同情有哪些新的體悟？
- 我的價值觀產生了什麼改變？

對收穫心懷感激：

心懷感激是改變的強大力量，而且隨時都能發揮功效。進行原諒步驟時，尋找並承認他人如何幫助了你。從中你會發現不同的可能性和觀點。就算是負面榜樣，也可能給你帶來正面的收穫。舉例來說，朗恩曾經加入一個刻薄狠毒的邪教，邪教領導人甚至反對愛的概念。親眼看見裡頭的人對待彼此的殘酷方式，他決定把慈悲待人當作自己的目標。

當你把感謝延伸到帶給你重要人生教訓的人身上，你就把愛（最強大的療癒力量）傳送出去。奇特的是，當你把愛傳送出去時，那份愛也療癒了你。

心懷感激會使原諒變得更容易。「這件事有什麼讓我覺得感謝之處？」這是一個值得深思的強大問題。反覆問自己這個問題，直到你覺得自己心懷感激為止。我看過有些人一開始怎麼想都想不到值得感謝的事，最後卻發現事件本身有很多地方都讓他們感恩不已。

付出愛，給予愛：

你能夠想像自己抱著你想要原諒的人，真心誠意地愛他們嗎？就像母親或父親抱著自己的小孩，或許不認同他們的所作所為，卻還是愛著他們。或許你還是無法認同對方，卻不再心懷怨恨或怒火。

無論何時嘗試這個步驟，你都可能感覺到內心的轉變。光是這一點，就可能會帶來永久的轉變。你會驚訝地發現，觀點一轉變，你就能做到過去做不到的事。

如果你原諒了，繼續進行下一個你拆解過的項目。如果你還是無法原諒這件事，看看能不能進一步將它拆解，然後從步驟一重新開始加以檢視。或者，回顧過往，問自己以下問題：

- 過去有什麼事讓我想起這件事？
- 更早之前有沒有發生過類似的事？
- 我需要放下過去的什麼心結（包括跟原生家庭的心結）才能原諒這件事？

接下來，重新對這件事進行上面的「理解步驟」。如果還是無效，暫時擱下這件事，從步驟一開始，選擇另一件事來試試看。假如你還是無法原諒，問問自己：

- 我還可以用什麼方式來看待這件事？
- 我可以從他人身上得到幫助嗎？能不能找個有不同觀點的人聊一聊？

靜下心來，交由神聖的助力為你解答。把問題交給祂，專注傾聽。全心相信神聖的愛。你已經盡力。記得請求神聖助力指引你看待這件事的不同方法！

階段三：覺察內心的轉變

一開始你或許不會察覺到生命中發生的所有變化。有些變化很細微，也有些很巨大。這些改變不只會影響你，也會擴及你周圍的人。這跟基督教對恩典的概念相似。然而，這種體驗當然不限於基督教，因為所有宗教的信仰者都能放下意識層面的仇恨，從內心尋求力量。

這樣的轉變能讓你從不同以往的角度看待一件事，並發揮更強大的心智功能。「釋放力量的原諒步驟」雖然不是人生的終極目標，卻是幫助你放下仇恨、復原和重新開始的有效工具。

精簡版「釋放力量的原諒步驟」

當你發現自己原諒他人的速度變快，而且也了解「投射」這種心理防衛機制，同時看得出來它對你造成的影響，或許你就能嘗試精簡版的「釋放力量的原諒步驟」。

倘若照著以下步驟進行之後，你並沒有感受到喜悅和能量增加，那就再重複進行這一章的所有步驟。開始之前請先：

- 寫下你內心所有怨恨不滿的人事物。
- 選一個你願意嘗試原諒的人。

針對此人犯的某個錯，問問自己：

- 我對他做的事有何感覺？
- 當時我在害怕什麼？
- 他違反了我的什麼價值觀、道德觀、準則或原則？
- 我要求他或我自己遵守那些標準，是不是一種不切實際的期待？
- 我是否曾經對他人或自己做過一樣的事？
- 我能原諒他們做過跟我一樣的事嗎？或是原諒他們違反了我所抱持的那些不切實際的觀點？
- 我能原諒自己做了同樣的事嗎？（不可或缺的步驟）
- 我能感謝他們什麼？

接著，選另一件你願意原諒對方所做的事，重複一到八的步驟。

若能得知仇敵不為人知的過往，我們會發現每個人的生命都少不了苦難傷痛，心中的敵意便會隨之消散。

——美國詩人亨利・沃茲沃思・朗費羅（Henry Wadsworth Longfellow）

第五部 完成原諒步驟之後

凡是人都需要原諒，
無論他們值不值得被原諒。

第十五章　延續療癒的力量

原諒使你在喜悅和平靜中活出內心的想望，
尤其是當你把原諒當作日常功課。

在經過深層改變之後

我所說的改變，是心靈的重生。透過它，生命的潛能對我們開啟，它往往會帶來心靈深化的明顯感受。赫伯．班森醫師的傑作《破繭而出的原則》（*The Break-out Principle*），探討了這種經驗具有的效力。

完成原諒的步驟之後，你會發現生命的很多方面都變得更好了。包括：

- 掙脫情緒的牢籠。
- 活出心的想望。
- 為人生找到更深層的意義。

若是我們沒有管道能夠傳達這份愛、喜悅和深刻的人生體會，可能會引發一場無從體會人生意義的危機。能夠原諒的人，常會在教會裡變得更活躍，開始主動參與或協助活動，為社區帶來改變。對世界有正面影響力可以給人帶來成就感。身為社會的一份子，我們需要感覺自己正在朝有意義的方向前進，而且不只對我們個人有意義，也對整體社會有意義，無論是社會層面、心靈層面，甚至國家層面。

掙脫情緒的牢籠

內在功課進行到這裡，你應該已經放下綁架你多年的創傷怨恨。一旦放手，你就是把自己從惡性循環中解救出來，以後想到這件事時，你不會再經歷一遍自己受過的傷。擺脫創傷之後，正面情緒的能量就會再度湧入你心中。

一旦走出怨恨築成的情緒牢籠，喜悅是自然而然的附帶結果。在尋找真實自我的過程中，喜悅是我們最好的路標。

> 愛永遠都是贏家。它摧毀思想的鐵條，粉碎物質信仰的牆壁，切斷思想綁縛在我們身上的鐵鍊，使囚犯重獲自由。[1]
>
> ——歐內斯特・霍姆斯（Ernest Holmes），神學家、作家及心靈導師

由怨恨激發的所有行為舉止，使你離愛、喜悅和包容愈來愈遠。以服務為名、行控制之實的行為也包括在內。真正的服務是懷抱著滿滿的正面能量和愛，但控制背後的動機卻是痛恨被困住的感覺。

原諒能使你在喜悅和平靜中活出內心的想望，尤其是當你把原諒當作日常功

課。無論面對工作或親密關係，時時留意內心的變化。若是你想要活出愛的想望，就必須在傾聽並理解負面情緒告訴你的事之後，擺脫它們的掌控。

爲人生找到更深層的意義

原諒能提升我們愛人的能力，改變我們對自己、他人和這個世界的看法。有了這個新的觀點，我們就能從發生在自己身上的事情中找到人生的意義。你甚至可能用上帝的視野來看待自己的生命，不再像過去侷限在以自我為中心的觀點裡。

一個好例子來自某個警員做的夢。對我來說，那個夢就像是一種神的視野。傑克當了二十年的執法人員，一直過著緊繃的生活。有天晚上他夢到自己在衝浪，那是他最愛的運動。當他衝下一道大浪時，有個天使飛到他旁邊對他說：「到此為止！」夢中的他知道這表示他走到了人生終點，於是他說：「這是一段很棒的人生，非常感謝。我已經沒有遺憾，謝謝你。」

我把這個夢轉述給其他人聽時，大家的反應都跟他一樣。他們會因此更珍惜自己的人生、曾經經歷過的事，以及現在的自己。

和解的可能性

若是在一段有問題的關係中出現和解的可能性，那將是一大福賜。可是原諒不一定能帶來和解。你怨恨的對象或許已經過世、不在你的生活圈，或已經跟你斷絕往來。以上這些狀況，雙方不可能再和解，但原諒並不需要和解才能發生。無論是否跟對方和解，你都能放下內心的怨恨。

完成原諒步驟之後，如果你想跟對方和解，建議你參考底下兩本書：《為愛原諒：關係健康長久的祕訣》，弗瑞德・魯斯金著；基督教徒可以看沃辛頓博士所著的《原諒與和解：通往完整和希望的橋樑》（*Forgiving and Reconciling: Bridges to Wholeness and Hope*）的第三部。

和解除了能讓你好過一些，也可能對你原諒的人有益。柯克和奈特達成了某種財務協議，但因為柯克沒遵守協議，害奈特蒙受損失。後來奈特原諒了柯克，不再追究這件事，但也從此跟柯克斷絕往來。之後有個朋友告訴他，柯克因為那件事深受打擊，很後悔失去兩人的友誼。於是奈特打電話給柯克，為斷了聯絡跟他道歉。柯克在電話中告訴他：「我已經卡在原地六個月，無法照常生活，也無法改變已經發生的事。對不起。」對奈特來說，當他原諒柯克的那一刻，這件事就過去了。而對柯克來說，兩人重修舊好對他來說很重要。奈特表示：「要是我不想和解，生活就會因為少了柯克而失色，他也會因為失去這段友誼而停滯不前。」

這種放下仇恨進以及和解的能力並非人類所獨有。菲利普・奧雷里（Filippo Aureli）和法蘭斯・德瓦（Frans de Waal）在《化解衝突的本能》（*Natural Conflict Resolution*）一書中，紀錄了至少二十七種靈長類動物的和解行為，此外還有寬吻海豚和山羊。[2]

日本的宗教團體「生長之家」發起的性靈運動，宗旨就是跟每個人和解。誠如創辦人所言：

> 真正的和解不能靠付出耐心或忍耐彼此來達成。付出耐心或忍耐彼此並不是打從心裡達成和解。雙方對彼此心懷感激時，真正的和解才能達成。[3]

這個道理同樣適用於原諒自己，甚至進一步延伸到跟生命本身和解——對生命中所有人事物心懷感謝。當我能用感激之心看待一件事或一個人的時候，我就有達成和解的感覺，之後便能更輕易地想到解決問題的有效方法。

了解原諒有多重要之後，我們會有想要幫助他人原諒的渴望，尤其當我們曾經傷害另一個人的時候。這時候道歉是化解仇恨的有效方法。貝芙莉・英格爾的著作《道歉的力量：改變關係的療癒步驟》是很有用的參考書。

把原諒變成一種習慣

把原諒變成一種習慣會讓你更容易原諒，並在怨恨產生時快速將之化解。就算你對一件事感到生氣，也能更快重新站穩腳步和恢復平靜，比過去更從容地解決負面情緒。

把原諒變成一種習慣的最佳方式，就是透過「睡前回顧」。在一天快要結束之際，練習原諒這一天所發生的種種不愉快。

- 回顧這一天，清除一天下來所累積的不愉快（你還沒放下的負面情緒）。
- 把這些不愉快全部釋放。

如果你發現某些不愉快反覆出現，就能明白原諒的步驟確實有其必要。

把你能想到的怨恨不滿一掃而空，並不表示不會再有新的怨恨不滿出現。但是現在你已經有了化解它們的工具，只要繼續維持原諒的習慣，你就不會被心中可能冒出的怨念控制。

假如你以為自己已經釋懷的心結又再度浮現，你就知道自己還有功課要做。仔細檢視，你可能會發現眼前的問題是同一件事的不同面向。同樣的，你以為自己已經原諒的人也可能再度浮現，這就表示他們有其他你還沒原諒的面向。

完成原諒步驟不保證仇恨不滿就不會再度出現。它們當然會！這是因為我們的心理防衛機制和大腦壓力反應仍然存在。有時我們會忘了追求自己的最高目標，有時我們會將大腦切換成自動駕駛模式，對發生的狀況措手不及。然而，經過練習，你會發現自己放下怨恨的速度愈來愈快，也更容易原諒。

或許你會發現自己愈來愈常對自己的壓力反應一笑置之，而不是自責。能夠一笑置之，原諒的可能性就會向你開啟。正如幽默作家維克多．伯格（Victor Borge）所說：「笑聲是兩個人之間最短的距離。」

印度醫師卡塔里亞（M. Kataria）掀起了名為「大笑俱樂部」（Laughter Clubs）的新熱潮。這股大笑運動現今已經遍及全球，全世界六十個國家有超過六千個大笑俱樂部。他們很清楚放聲大笑具有強大的力量，也是促進身心健康的最佳處方，因此把笑聲帶進受身體、心理和情緒困擾所苦的許許多多人的生命之中。他們甚至有專門幫助人原諒的大笑！[4]

當心腦袋的舊習慣

就算你已經改變想法，過去的大腦神經模式還是可能再度出現。畢竟人難免會產生衝動反應，只是對你來說，現在這些反應會比較快消散。

我脫胎換骨的隔天，早上醒來時的反應是，「天啊，一天又開始了！」跟前幾個月的反應沒有兩樣。後來我才猛然醒悟，想起昨天有多麼不可思議。我這才明白自己的反應只是過去的習慣，但它馬上就消失了。之後幾個星期，我每天醒來時還是會出現「天啊！」的反應，但強度一天比一天減弱。最後我對它只會一笑置之。醒來時對自己的反應一笑置之和由衷喜悅的心情，就這樣延續了很多年。

宗教跟傳統心理學一樣，都必須面對如何處理負面情緒的問題。在心理學領域，我們會分析現在和過去發生的事，試著改變自己現在的行為，或更深入理解過去發生的事。本書就做了很多這樣的嘗試。

然而，從心靈層面去解決問題是最有效率的方式，因為改變在這個層面更容易發生。但要這麼做，問題就會變成是：「你要把自己的注意力、心思放在哪裡？」這裡的技巧是把腦袋轉向生命的正面力量，轉向神聖的力量。但這麼做的唯一問題是，混亂不安的腦袋很難發現生命的正面力量。無法原諒的事永遠會在腦中製造混亂，除非你願意處理它們。

即使你已經原諒了，還是可能有「如何找到正面心態」的問題。這跟渴望有關。想要安撫內心的混亂，就要滿足內心的需求。若是你想要平靜，那就必須感受平靜，使內心更加安定。有問題的不一定是內心的東西，而是你不斷用負面想法餵養自己的內心。

我的個案金恩曾經加入邪教，後來幸運逃過一劫。他花了很多年才擺脫被一個暴力邪教洗腦和控制的心理創傷。每天他都會在腦中重複播放自己在那裡經歷的傷痛、背叛和憤懣。「我痛苦到覺得自己沒有理由再活下去，」他坦承。透過朋友的幫助，他開始學習放下怨恨和原諒。不只如此，他去參加了一個有愛心的教會、練習冥想、閱讀勵志書。他不再看電視新聞和政論節目，開始跟對他有正面影響的人往來，用更好的精神食糧餵養自己的心靈。他的沮喪因此消失，同時藉由保持動力和正面思考維持內心的安定。

保持動力，幫助他人原諒

接觸能激勵人心的事物，與自己的最高目標保持一致。結交志同道合的朋友。

保持一顆寬恕的心，心靈也會跟著成長。相反的，無法放下和原諒，會把人困在恐懼和憤怒中，為了自我保護，心理的防衛系統也就不得不啟動。

因此我們可以藉由鼓舞人心的文字、教會或其他組織，協助人們持續進行原諒的步驟。

要保持原諒的心態，最有效方法就是教導他人原諒。有些人成立了釋放力量的原諒團體幫助他人原諒。希望這個世界變得更和諧、更和平是我最初的願景——知道原諒步驟和技巧的人，願意幫助更多人練習原諒，就這樣一傳十、十傳百，遍及全世界。如今我們已經有了現成的工具。原諒基金會也能提供相關幫助。

你也可以在你的教會、社區中心或當地學校成立原諒工作坊。把這本書當作一本指南。

> 人若不願意原諒人類本質的缺陷，就無法獲得真正高貴的靈魂。因為凡是人都需要原諒，無論他們值不值得被原諒。
>
> ——印度蘇菲教派大師伊納亞特・汗（Inayat Khan）[5]

第十六章　原諒所帶來的最終成果

原諒的最終成果，
就是加深我們與他人、生命、神聖力量的連結。

原諒就是包容，也就是愛的展現，因為愛包容一切，神性也在其中展現。發自內心最深處的喜悅，能夠超越一受到刺激就馬上反應的微小自我。我們都渴望實現生命的最高潛能，活出完整的生命，在萬事萬物中看見神的恩典。

最後的聲明

可惜的是，無論是心理學或宗教都對心理和情緒健康了解有限。所幸只要持續善用原諒的力量，就能提升心理健康，因為這麼做等於把心理健康交到我們自己手中，為我們開啟遠比大腦的生存機制更強大的內在潛能。

心理健康領域確實需要改變。心理學雖然也有幫助人們放下仇恨及修復關係的好方法，但我認為這些方法不足以為我們的社會帶來心理和情緒健康，因為心理學排斥原諒的概念，也低估了放下怨恨的重要性。

為了我們的社會和全世界不同社群的健康著想，我們不能再眼睜睜看著原諒遭到漠視和誤解。我們禁不起心理健康日漸惡化、暴力行為與日俱增帶來的惡果。全球很多國家的司法和監獄體系主要都是根據懲戒、報復和處罰來運作，調解和修復的成分很少，尤其是美國。這一點是可以改變的。我們可以從自身開始，利用原諒來照顧自己的心理健康，同時立下界線不再傷害他人和自己。

我在書中一再強調，原諒之所以難以接受，原因絕對不僅只於心理學和宗教之間的分歧，根本的原因在於個人內在的分歧。我們至高或真實的自我跟力求存活的原始自我，兩者之間出現了分裂。兩者都是我們的一部分。一個給予我們最高理想，以及合群、和善待人及維護和平的目標；另一個藉由看見問題和侷限來保護自己，但也可能把我們變得眼光狹隘，充滿恐懼和報復心。

原諒能提升我們掌控思考的能力，把目標指向我們的最高潛能，為生命帶來遠比過去更多的喜悅、平靜和愛。

原諒對我們的心理健康、情緒穩定和心靈成長都不可或缺。

最終的成果

這些年來我認識一些人，他們不了解為什麼很多人要那麼強調原諒的重要性。這些人並不是無法原諒，剛好相反。他們從來不記恨，因為懷著謙卑之心，即使發生不好的事，他們也不會怪罪他人或上帝。這樣的人對生命保持熱情，也保有靈性。這種境界需要對鄰人和對自己都極具同情和理解的心才能做到。但我相信這種能力人人皆有，因為神性人人可得。

原諒的最終成果，就是加深我們與他人、生命、神聖力量，以及神性之間的連結。有了原諒這個強大的工具，我們就可以：

- 被愛、平靜和仁慈圍繞。
- 成為真實的自我，享受我們應得的喜悅。
- 跟生命和愛的源頭建立緊密的連結。

對原諒的未來展望

- 我們擁有足夠的原諒方法，能將生命轉化成享有愛、平靜和喜悅的生命。
- 持續推廣原諒的效力，使人不再懷疑原諒具有的強大力量。
- 我們寧願選擇快樂，而不是執意證明自己是對的。
- 我們願意在關係中選擇寬容，因為我們知道那比互相怨恨的關係更有意義。
- 我們承認自己是被原諒所療癒的第一個人。
- 我們會體認到，先有原諒才有真正的和解。
- 我們會從小教導兒女如何原諒並願意原諒，好讓他們擁有更幸福、更少衝突的人生。

- 我們的心會願意包容差異，不因差異責怪他人。
- 朋友會願意勸告彼此要懂得原諒，而不只是同仇敵愾。
- 心理諮商會使用許多原諒技巧，幫助個案放下內心對他人和自己的怨恨。
- 學校會要求學生培養社交能力，教導學生溝通技巧、原諒、衝突和情緒管理，促使學生在遇到衝突時願意考慮雙贏的創新對策。
- 神職人員不只宣揚寬恕的重要，也會教人如何寬恕，還會舉辦原諒課程和工作坊，幫助信徒淨化腦袋和心靈，並因此得以感受神，深化靈性生活。
- 世界各地的衝突化解課程都能定期使用原諒的方法，因為唯有藉由原諒改變心的方向，才能真正化解衝突；原諒也能增進傾聽的能力，使我們聽見他人真正想說或想要的事。
- 有關療癒的研討會強調原諒是促進健康的強大工具，而不只是三言兩語帶過。
- 心理學將高舉原諒的火炬，奉之為心理健康的先決條件。
- 原諒療法成為心理學的必修科目。
- 情緒管理團體將會把原諒當作情緒修復的有用工具。
- 創傷後壓力症候群不再如此令人絕望，因為療癒過程中會納入自我原諒。

- 原諒的力量變成法律系和醫學系學生在學校的固定課程。
- 法官將要求被告接受原諒諮商。
- 國家將要求本國代表和重要談判人員精熟原諒之道。
- 國家將成立並推動真相與和解計畫，促進不同種族、族群和宗教之間的融合。我們會願意包容異己，尊重差異。
- 寬恕基金會不再有存在的必要，因為教會、大專院校、政府部門和家家戶戶都會承擔起原諒的工作。
- 宗教和國家之間的衝突得以修復，人類將走向非暴力且富有同情的溝通和互動的新紀元。

感謝你加入鍛鍊原諒技巧的行列。

附錄

需求未被滿足時可能出現的情緒：

害怕	不悅	討厭	無可奈何
惱怒	不高興	敵意	不知所措
激動	沮喪	煩躁	困惑
生氣	心煩	受傷	不情願
焦慮	心情低落	不耐煩	怨恨
無感	憂懼	不在乎	不安
難受	難堪	火大	悲傷
痛苦	忿恨	沒安全感	恐懼
憂鬱	疲憊	氣憤	心慌
無聊	疲乏	被激怒	震驚
心碎	擔心	嫉妒	懷疑

冷漠	受驚	失望	遺憾
茫然	洩氣	無力	無精打彩
氣餒	大怒	提不起勁	驚訝
消沉	悲傷	孤單	疑心猜忌
絕望	愧疚	發狂	惶惶失措
挫折	恨意	覺得不甘心	焦躁
灰心	沉重	內心悲苦	不開心
反感	無助	緊張	難過
心冷	驚懼	覺得被打敗	擔憂

需求被滿足時可能出現的情緒：

喜愛	興高采烈	心情暢快	平靜
驚奇	激動	熱力四射	容光煥發
感謝	受到鼓舞	感恩	滿足
驚訝	充滿活力	開心	安心
幸福	樂在其中	樂於助人	敏銳

鎮定	熱情	充滿希望	覺得好極了
無憂無慮	振奮	受到激勵	意外
雀躍	開朗	喜悅	溫柔
自信	精神奕奕	充滿愛	感激
心滿意足	自由	樂觀	興奮
高興	友善	寧靜	安寧
渴望	滿意	舒服	信任
欣喜若狂	愉悅	驕傲	美好

摘自：馬歇爾・盧森堡的《非暴力溝通：愛的語言》，請上www.Nonviolent-Communication.com

原文注釋

前言

1. See Coelho 1996
2. See Guyton 3. Ibid

第一章

1. See Legaree 2007
2. See Sevrens
3. McCullough, et al. (2000)
4. Legaree2007
5. See CBS News
6. Willson 1999
7. See MacLean
8. See Dubruc 2002
9. McCullough-Beyond Revenge
10. See MacLean
11. See Pert 1997
12. Healy 2007
13. Bio-medicine 2003
14. Potenza 1996
15. Abagayle 2009

第二章

1. See Legaree 2007
2. McGinnis 2006
3. See Wohl 2008, 3a. ibid
4. See Wilson, A. 2014
5. See Carlsmith et al.,
6. See Mccullough(2008),
7. See De Quervain, D.
8. See Mccullough(2008),
9. Carlsmith
10. De Quervain
11. Carlsmith
12. Jaffee
13. Jaffee
14. Jaffee
15. See Science Daily 2007
16. See Brehm
17. See Smalley p 91
18. Research by Dr. Redford Williams, See Goodier
19. See Rosenberg 1999
20. Gendlin, 1981
21. See Reid, 2000
22. See Wikipedia-TRC, 2006

第三章

1. See Toussaint et al., 2008
2. See Luskin, 2000
3. Ibid
4. Ibid
5. Harvard Health Publications.

6. Silton, Nava, et al
7. Witvliet, C. et al
8. Ibid
9. Friedberg, J., et al
10. Waltman, Martina A., et al.
11. Larsen, Britta A., et al.
12. Ermer A, Proulx C., 2015
13. Kiecolt-Glaser, J. K., et al.
14. Ibid
15. Thornton, L. & Andersen, B.
16. Yu, Ting, et al
17. Healing Cancer Naturally
18. See Enright et al., 2000
19. Luskin 2007
20. Personal communication
21. Ibid
22. Kiecolt-Glaser, et al., 2005
23. See Real Age, 2006
24. See Loukas 1995
25. See Allen 2009 *Judy Allen wrote a book about her experience with cancer, enti-tled, The Five Stages of Getting Well.*
26. See Smedes 1988 11. the word heart was changed to reactions.

第四章

1. See Gordon et al. 2000
2. See Warren 2006
3. See Luskin 2007
4. See Clottey 1999
5. See Tutu 1999 p271
6. See Warren 2006
7. Siegel 1999
8. This comes from the title of a little inspirational book, popular in the 70s & 80s written by Dr. Jerry Jampolsky
9. Coelho 1996
10. Engel 2001
11. Berg 87

第五章

1. Maclean 1990
2. Wikipedia-Triune brain, (2018)
3. Healy 2007
4. See Amen, D. G. 2006a
5. See Do Amaral 2003
6. See Frantz 2005
7. See Wikipedia- Frontal Lobe, (2006)
8. See Miller 2002
9. See Amen, D.G. (2006)a.
10. See Do Amaral 2003
11. See Le Doux 2000
12. See Lewis P37
13. See Christison 2002
14. See Wikipedia - amygdala
15. See Do Amaral (2000) limbic
16. See Amen, D.G. (2006)a.
17. See Amen, D.G. (2006)b
18. See Lewis et al
19. See Facts for the Family (2016)
20. See Amen, D.G. (2006)a.

21. See Cory (2002)
22. Van der Dennen, 2005
23. Ibid
24. See Do Amaral
25. See Prettyman 1997
26. Maclean 1990
27. Conforti 2011
28. See Amen, D.G. (2006)a.
29. Do Amaral
30. De Beauport 1996
31. Conforti 2011
32. Maclean 1990
33. Ledoux 2000

第六章

1. See Hall 2005 2. Ibid
2. See Caine
3. See Begley 2007 5. Ibid
4. Lewis, et al. 2000
5. Ibid
6. Bob received his version of the letters from Dr. John Gray of *Men are from Mars, Women are from Venus* fame.
7. See ho'o pono pono

第七章

1. See Reid 2000
2. See Ritchie 1978
3. See Arrien 1991
4. See McKay et al., 1981
5. Ibid
6. Rosenberg See p.88
7. For an excellent series of articles on intuition, see Dr. Daniel Benor's web-site at www.healthy.net.
8. See Clark 1971
9. Benor 2002
10. Ibid
11. See Benson 1976
12. See Blakeslee 2005
13. See Figley 2000

第八章

1. See Einstein (2) from a letter in 1936 to a child who asked if scientists pray.
2. See Jantsch 1980
3. See Young 2004, chap 10
4. Goldsmith
5. See Einstein
6. Wikipedia-12 Steps 2006
7. See AA 1976
8. See Seligman 2004
9. See Arrien 1991

第十章

1. See Einstein 1972
2. See Amen, D.G. (2006)a.
3. About.com 2009
4. Katie 2003
5. See McKay et al., 1981
6. Ibid

第十一章

1. See Lynch 2007, p101
2. See Merton
3. See http://www.alanon. Alateen. org/ for more information on alanon.
4. Mckay
5. Ibid
6. Ibid
7. See Lewis et al., 2000

第十二章

1. Capri 1996
2. Figley 2002
3. Ibid
4. Figley 2000
5. Capri 1996
6. Ibid
7. Ibid
8. Young 2004
9. Helpguide.com 2006
10. APA 2004
11. Carlson, 2005
12. Friedman (2006)
13. ROTA (2008)
14. Witvliet, et al. (2004)
15. Friedman (2006)
16. Figley 2000, 2002
17. Figley, 2002
18. Van der Kolk 2009
19. Starnes 2005
20. Van der Kolk 2009
21. Wikipedia- complex ptsd
22. Walker 2010
23. Litz, et al. 2010
24. ibid
25. Witvliet, et al. 2004
26. NCPTSD 2010
27. Peeples 2000

第十四章

1. Foltz-Gray, 2002

第十五章

1. Ernest Holmes 1984 p331
2. Dugatkin 2005
3. SNI
4. Kataria, M. 2009
5. Khan

參考資料

- AA (1976) *The Big Book*, Alcoholics Anonymous World Services, Inc.
- APA (2004). *The Different Kinds of Stress,* Retrieved 6/2006 from the American Psychological Association Help Center webpage: apahelpcenter.org/articles/article.php?id=21
- Aba Gayle, (1995) Personal correspondence.
- Aba Gayle, (2009) retrieved 2/4/09 from www.catherinebTountfdn.org/rsof.htm
- Allen, J. *Judy tells her moving story of using the Course to find healing for cancer,* Retrieved 2-16-09 from the Circle of Atonement: circleofa.org/articles/HealingJudyAllen.php
- Amen, D.G. (2006)a. Retrieved 6-4-06 from_amenclinics.com/bp/systems/limbic
- Amen, D.G. (2006)b. Retrieved 6-4-06: amenclinics.com/bp/articles.php?articleID=10
- Arbinger Institute, (2006). *The Anatomy of Peace: Resolving the Heart of Conflict,* San Francisco: Berrett-Kohler.
- Arrien, A. (1991). Personal notes from lectures in 1991
- Begley, S. (2007) "In Our Messy Reptilian Brains," *Newsweek Web Exclusive* April 09, 2007, Retrieved 1/16/09: www.newsweek.com/id/35728
- Berg, C. (1987). "The Art of Return," *Parabola* - Volume XII, Number 3, Aug.1987 Society for the Study of Myth and Tradition
- Benor, D.J. (2002). Intuition, *The International Journal of Healing and Caring,* Volume 2, No. 2, Retrieved 11 Aug06 www.healthy.net/scr/column.asp?ColumnId=34&ID=728
- Benson, H. (1976). *The Relaxation Response*, NY: HarperTorch.
- Bio-Medicine (2003) "New scientific study finds women more forgiving than men" Retrieved 1/17/09 from http://news.bio-medicine.org/biology-news-2/New-scientific-study-finds-women-more-forgiving-than-men-3496-1/
- Blakeslee, Sandra (2005). Hypnosis can profoundly change the brain, *New York Times,* Published on 11/22/05, Retrieved 12/15/05 from http://www.ajc.com/news/content/health/1105/22hypnosis.html
- Brehm, B.A. (1994). Type A revisited: Is Type A behavior OK?, *Fitness Management Magazine*, September 1994, Vol. 10, No. 10, p. 24, Los Angeles, Calif. Retrieved 8/19/06 from www.fitnessmanagement.com/FM/tmpl/genPage.asp?p=/information/
- articles/library/labnotes/labnotes0994.html
- Brinkley, D., Perry, P., Moody, R. A. (1994). *Saved by the Light*, NY: Villard Books.
- Brock, R. & Lettini, G. (2010) "The moral injuries of war," On Faith section of the Washington Post, Nov. 17, 2010, retrieved 5/26/2011. http://onfaith. washingtonpost.com/ onfaith/ guestvoices/2010/11/the_moral_injuries_ of_war.html
- Bushak, L, Mental Health Benefits Of Forgiveness: Forgiving Others Can Protect You From Depression (2015) http://www.medicaldaily.com/mental-health-benefits-forgiveness-forgiving-others-can-protect-you-depression-350888
- Caine, R & Caine, G. (2006) "The Brain/Mind Learning Principles", Retrieved 7/6/2006 www.cainelearning.com/pwheel/expand/
- Carlson, E.B., & Ruzek, J. (2005). *Effects of Traumatic Experiences*, A Fact Sheet for the National Center for PTSD of the Department of Veteran Affairs, Retrieved 4/26/2006 from http://www.ncptsd.va.gov/facts/general/fs_effects.html
- Carlsmith, K. M., Wilson, T. D., & Gilbert, D. T. (2008). The paradoxical consequences of revenge. *Journal of Personality and Social Psychology*, 95, 1316–1324.
- CBS News (2007) "Suicide Epidemic Among Veterans," November. 13, 2007 Retrieved 1-21-08:cbsnews.com/stories/2007/11/13/cbsnews_investigates/main3496471.shtml
- Castagnini, J. editor (2008) *Thank God I…: Stories of Inspiration for Everyday Situations*, Las Vegas, NV: Inspried Authors, LLC.
- Christison, MaryAnn (2002). *Brain-Based Research and Language Teaching,* English Teaching Forum Online, Volume 40, Number 2, Bureau of Educational and Cultural Affairs, Retrieved- http://exchanges.state.gov/forum/vols/vol40/no2/p02.htm

- Clark, Ronald W. (1971). *Einstein: The Life and Times, p 622,* World Pub. Co., New York, Retrieved 8-10-06 from "Einstein's Last Thoughts" www.einsteinandreligion.com/lastthoughts.html
- Clottey, K., Abadio-Clottey, A. (1999). *Beyond Fear – Twelve Spiritual Keys to Racial Healing,* H.J. Kramer, Tiburon, CA
- Coelho, P. (1996) *By The River Piedra I Sat Down and Wept: A Novel Of Forgiveness*, From the "About the book" section, Harper Perennial; Translation edition
- Conforti, Michael, workshop -*Forgiveness and Redemption*, April 29, 2011 Chapel Hill, NC
- Cory, G.A.. (2002). Reappraising MacLean's triune brain concept. The Evolutionary Neuroethology of Paul MacLean: Convergences and Frontiers.
- De Beauport, E. (1996) "Crossing the Threshold of the Unconscious: Into The Basic Brain," Retrieved 7-13-06 from www.motley-focus.com/crossing.html Taken from her book with Aura Sofia Diaz:
- *The Three Faces of the Mind: Developing Your Mental, Emotional, and Behavioral Intelligences.* Quest Books. (1996) Wheaton: The Theosophical Publishing House.
- De Quervain, D. J., Fischbacher, U, Treyer, V., Schellhammer, M., Schnyder, U., Buck, A., & Fehr, E. (2004). The neural basis of altruistic punishment. *Science*, 305, 1254–1258.
- Do Amaral, J.& de Oliveira, J. (2003). *Limbic System: The Center of Emotions*, Retrieved 7-12-2006 from http://www.healing-arts.org/n-r-limbic.htm
- Dossey, L. (1993). *Healing Words- The Power of Prayer and the Practice of Medicine*, NY: Harper Collins
- Dubuc, B. (2002). "The Brain from Top to Bottom," *The Evolutionary Layers Of The Human Brain*, Retrieved http://www.thebrain.mcgill.ca
- Dugatkin, L.(2005. "Why don't we just kiss and make up?," *New Scientist*, 5/7/05
- Einstein, Albert (1972). *New York Post, November 28, 1972.* Retrieved 8-9-06 from www.ivu.org/history/northam20a/einstein.html
- Einstein (1)Retrieved 2-7-08 from http://thinkexist.com/quotation/
- a-person-experiences-life-as-something-separated/411055.html
- Einstein (2) Retrieved 08- 11-06 from "Quotes by Albert Einstein," http://quotes.zaadz.com/Albert_Einstein
- Engel, B. (2001) The Power of Apology: Healing Steps to Transform All Your Relationships, NY: John Wiley & Sons, Inc.
- Enright, R.D., Fitzgibbons, R.P. (2000). *Helping Clients Forgive: An Empirical Guide For Resolving Anger And Restoring Hope*, Washington DC: American Psychological Assoc.
- Ermer A, Proulx C. Unforgiveness, depression, and health in later life: the protective factor of forgivingness. Aging & Mental Health. 2015.
- Facts For the Family (2016) Teen Brain: Behavior, Problem Solving, and Decision Making; No. 95; September 2016; The American Academy of Child and Adolescent Psychiatry -www.aacap.org retrieved March 18, 2018
- Friedberg, Jennifer P., Sonica Suchday, and Danielle V. Shelov. "The impact of forgiveness on cardiovascular reactivity and recovery." *International Journal of Psychophysiology* 65.2 (2007): 87-94.
- Figley, C. R. (2000). *Post-Traumatic Stress Disorder*, American Association for Marriage and Family Therapy -AAMFT -Clinical Update Volume 2, Issue 5, Sept. 2000, Retrieved 12/29/05 from www.aamft.org/families/Consumer_Updates /PTSD_AAMFT _Clinical_Update.htm
- Figley, C. R. (2002). *AAMFT Consumer Update on Post-Traumatic Stress*
- *Disorder*, American Association for Marriage and Family Therapy, Retrieved 5/15/06 www.aamft.org/families/Consumer_Updates/PTSD.asp
- Flannery, R.B. Jr. (1999). Psychological Trauma and Posttraumatic Stress Disorder: A Review, *International Journal of Emergency Mental Health*, 1999, 2, 135-140. Retrieved from www.icisf.org/Acrobat%20Documents/TerrorismIncident /PsyTrauPTSD.pdf

- Foltz-Gray, D. (2002). "Start Forgiving," *Arthritis Today*, 9-10/2002. Retrieved from http://www.drrandijones.com/newsltr4.htm
- Foundation for Inner Peace (1975) *A Course In Miracles,* Sausalito, CA
- Frantz, R. (2005). "Introduction To Intuition," *Two Minds: Intuition and Analysis in the History of Economic Thought,* Berlin: Springer. Retrieved 5-03-07 from http://www-rohan.sdsu.edu/~frantz/docs/Chapter1.pdf
- Friedman, M. J. (2005). *Posttraumatic Stress Disorder: An Overview*, A National Center for PTSD Fact Sheet, *Dept. of Veteran Affairs*. Retrieved from http://www.ncptsd.va.gov/facts/general /fs_overview.html
- Guyton, R.(1995) *The Forgiving Place,* Waco: WRS Publishing.
- Gendlin, E. (1981). *Focusing*, NY: Bantam.
- Goldsmith, J. (1984). *Living by Grace,* NY: HarperCollins.
- Goodier, S. "A Life That Makes A Difference," retrieved 11/2/02 from http://lifesupportsystem.com/
- Gordon, K. C., Baucom, D. H., & Snyder, D.K. (2000). "The Use Of Forgiveness In Marital Therapy." In M. C. McCullough, K. I. Pargament, & C. E. Thoresen (Eds.), *Forgiveness: Theory, Research, and Practice,* pp. 203–227, NY: Guilford Press.
- Hall. D. (2005). "Social Support," Health Plus – Vanderbilt Faculty and Staff Wellness Program, Wellsource, Inc. Retrieved 1/10/06 http://vanderbiltowc.wellsource.com/dh/content. asp?ID=563
- Harvard Health Publications (2004)"Power of Forgiveness - Forgive Others." October 08, 2013 http://www.health.harvard.edu/press_releases/power_of_forgiveness
- Healing Cancer Naturally. "DNA experiments prove the direct influence of feelings on DNA activity." *Healing Cancer Naturally.* 2013.Web. October 02, 2013 <http://www.healingcancernaturally.com/emotions-and-cancer-healing.html>.
- Healy, M (2007) "Humans may be hard-wired to have a soft spot: The predisposition to forgive appears genetic and may have been selected through evolution" *Los Angeles Times*, Dec. 31, 2007, Retrieved 1/17/09 www.psy.miami.edu/faculty/mmccullough /Media%20Coverage/Humans%20may%20be%20hard%20wired_la_times.pdf
- Heartquotes, retrieved 5-18-07 http://www.heartquotes.net/ Anger.html
- Helpguide.org (2006) "Emotional and Psychological Trauma: Causes, Symptoms, Effects, and Treatment," retrieved 5/11/2006 from www.helpguide.org/mental/emotionalpsychological_trauma.htm
- Holmes, E. 1984. *Living the Science of Mind*, Marina del Rey: DeVorss and Co.
- Ho'oponopono, From classes with Keoki Sousa, Sept-Oct 1999, Maui Community College, Maui, HI and Kapi'ioho Lyons Naone, June 1999, Bailey House, Maui, HI
- Jampolsky, G.(1990). *Out of the Darkness into the Light* NY: Bantam.
- Jaffe, E. (October 2011.) The Complicated Psychology of Revenge. *Observer* Vol.24, No.8
- Jampolsky. G. (2000) *Teach Only Love: The Twelve Principles of Attitudinal Healing*, Beyond Words Publishing, Inc, Hillsborough, Oregon
- Jantsch, E. (1980). *The Self-Organizing Universe: Scientific and Human Implication of the Emerging Paradigm of Evolution,* Pergamon, NY, NY
- Kataria, M. (2009) "Laughter Clubs" retrieved 2/6/2009 from
- http://www.laughteryoga.org
- Katie, Byron, (2003) *Loving What Is: Four Questions That Can Change Your Life,* NY: Three Rivers Press.
- Khan, H.I., *The Sufi Message of Hazrat Inayat Khan* - Volume VII – IX, Retrieved 6/2005 http://wahiduddin.net/mv2/IX/IX_9.htm
- Kiecolt-Glaser, Janice K., et al. "Psychoneuroimmunology and psychosomatic medicine: back to the future." *Psychosomatic Medicine* 64.1 (2002): 15-28.
- Kiecolt-Glaser, J.K., Loving, T.J., Stowell, J.R., Malarkey, W.B., Lemeshow, S., Dickinson, S.L., Glaser, R. (2005). Hostile marital interactions, proinflammatory cytokine

production, and wound healing. *Archives of General Psychiatry* 62(12):1377-1384. 4/19/06 http://archpsyc.amaassn.org/cgi/content/abstract/62/12/1377

- Larsen, Britta A., et al. "The immediate and delayed cardiovascular benefits of forgiving." *Psychosomatic Medicine* 74.7 (2012): 745-750.
- Le Doux, J. (1996) *The Emotional Brain: The Mysterious Underpinnings of Emotional Life*, New York: Simon& Schuster
- LeDoux, J. (2000) Emotion Circuits in the Brain, *Annual Reviews Neuroscience* 23:155–184 www.csmn.uio.no/events/2008/machamer_docs/ledoux.pdf
- Legaree, T., Turner, J., Lollis, S. (2007) "Forgiveness and Therapy: A Critical Review of Conceptualizations, Practices, and Values Found In the Literature." *Journal of Marital and Family Therapy*. The American Association for Marriage & Family Therapy. Gotten 2/02/09 from www.highbeam.com/doc/1P3-1270855471.html
- Lewis, T., Amini, & Landon, (2000).*A General Theory of Love*, NY: Random House.
- Litz, B. T., Stein, N., Delaney, E., Lebowitz, L., Nash, W. P., Silva, C. et al. (2009). Moral injury and moral repair in war veterans: A preliminary model and intervention strategy. Clinical Psychology Review, 29 (8)
- Loukas, Chris (1995). Faith, forgiveness help crash victim heal, *The Press Democrat*, December 25, 1995, Santa Rosa, CA.
- Luskin, F. (2000). *Forgive For Good: A Proven Prescription for Health and Happiness,* pp 77-93, San Francisco: Harper.
- Luskin, F. (2007) *Forgive for Love: The Missing Ingredient for a Healthy and Lasting Relationship*, NY: HarperOne.
- Lynch, M.J. (2007) *Big Prisons, Big Dreams: Crime and the Failure of America's Penal System* NJ: Rutgers University Press.
- MacLean, P. D. (1990). *The Triune Brain in Evolution*, NY: Plenum
- McCullough, M. C., Pargament, K. I., & Thoresen, C., (Eds), (2000) *Forgiveness: Theory, Research, and Practice,* NY: Guilford Press, p.3,
- McCullough, M.E. (2008). *Beyond Revenge: The evolution of the forgiveness instinct.* San
- Francisco: Jossey-Bass.
- McInnis, N. (2006). Retrieved June 5, 2006, http://www.mediamessage.com /archive/forgivenesspractice.htm#Staying%20in%20the%20Grace
- McKay, M., Davis, M., & Fanning, P. (1981). *Thoughts & Feelings: The Art Of Cognitive Stress Intervention,* Oakland: New Harbinger.
- Miller, J. (2002). Science searches the brain for mystical experience: Newberg, Delio and the mystery of the brain, *Science & Theology News*, July 1, 2002*,* Retrieved July 19, 2006 http://www.stnews.org/print.php?article_id=1696
- Myss, C., (1996) *Anatomy of the Spirit: The Seven Stages of Power and Healing,* NY: Three Rivers Press
- NCPTSD (2011) National Center For PTSD, "Spirituality and Trauma: Professionals Working Together," US Department of Veterans Affairs, retrieved 5/26/2011 www.ptsd.va.gov/professional/pages/fs-spirituality.asp
- Potenza, (1996) a talk on forgiveness given July 1996
- Peeples, K.A. (2000). Interview with Charles R. Figley: Burnout In Families and Implications for the Profession, *The Family Journal*, 8: 203-206. Retrieved 11/17/2004 from http://mailer.fsu.edu/~cfigley/burnout.htm
- Pert, C.B. (1997). *Molecules of Emotion: Why You Feel the Way You Do.* New York: Scribner.
- Prettyman, J.W. (1997). *Deep And Deeper: Deep Blue vs. The Triune Brain,* Retrieved 7-12-06 www.americanreview.us/deepblue.htm
- Real Age, Inc., (2006). April 21-Tip of the Day-A Case for Peace, Retrieved 4/19/2006 http://www.realage.com/news_features/tip.aspx?v=1&cid=16586
- Reid, F., Hoffmann, D. (2000). *Long Night's Journey Into Day: South Africa's Search for Truth & Reconciliation*, Iris Films, Retrieved 2/25/2008 from www.irisfilms.org/longnight/
- Ritchie, George G., M.D. (1978). *Return From Tomorrow*, Old Tappan, N.J, Fleming, H. Revell, of Baker Book House Company.

- Rosemergy, J. (2009) Email of 2 March 09
- Rosenberg, M. (1999). *Nonviolent Communication- A Language of Compassion*, PuddleDancer Press, Del Mar, Ca.
- ROTA (2008). "ROTA (Reach Out To Asia) and Save the Children Collaborate to Support Children in Gaza Strip." Retrieved 4-15-09 from http://www.reachouttoasia.org/output/page275.asp
- ScienceDaily (2007). Outwardly Expressed Anger Affects Some Women's Heart Arteries, Source: Cedars-Sinai Medical Center, 1/15/07 Retrieved 6-8-07 from www.sciencedaily.com/releases/2007/01/070114185909.htm
- Siegel, B. (1999). *Prescriptions for Living: Inspirational Lessons for a Joyful, Loving Life,* NY: Harper Paperbacks.
- Seligman, M. E. (2004). Happiness Interventions That Work: The First Results, *Authentic Happiness Coaching News*, Vol 2, Number 10 5/3/2004, Retrieved 7/13/2004 from www.AuthenticHappinessCoaching.com
- Sevrens, J. (1999) *Learning to Forgive*, San Jose Mercury News, 9/6/99
- Smalley, G. (2001). *Food and Love: The Amazing Connection*, Tyndale House Publishers, Wheaton, IL, p. 91
- Smedes, L. (1988). *Forgive and Forget: Healing the Hurts, We Don't Deserve,* NY: Pocket Books.
- Starnes, G. (2005) "The Psychophysiology of Trauma" Returning Warriors Blog, 5/16/05 Retrieved 1-17-09 www.returningwarriors.org/2005_05_01_archive.html
- Steiner, C. *Transactional Analysis, and the Triune Brain* Retrieved 7-9-06 from http://www.emotional-literacy.com/triune.htm
- Silton, Nava R., Kevin J. Flannelly, and Laura J. Lutjen. "It Pays to Forgive! Aging, Forgiveness, Hostility, and Health." *Journal of Adult Development* (2013): 1-10.
- Thornton, Lisa M., and Barbara L. Andersen. "Psychoneuroimmunology examined: the role of subjective stress." *Cellscience* 2.4 (2006): 66.
- Toussaint, L., Williams, D., Musick, & Everson-Rose, (2008). "Why forgiveness may protect against depression: Hopelessness as an explanatory mechanism," *Personality and Mental Health*, 2, 89-103.
- Tutu, D.M. (1999). *No Future without Forgiveness*, NY: Doubleday.
- The University Of Michigan, (2000) "New Study Shows Link Between Hopelessness And Hypertension," *ScienceDaily,* 2/18/00 Retrieved January 31, 2009, from www.sciencedaily.com/releases/2000/02/000217100606.htm
- Van der Dennen, J.M.G. (2005). "Ritualized 'Primitive' Warfare And Rituals In War: Phenocopy, Homology, Or..?" Retrieved 6-12-06: WWW.irs.ub.rug.nl/ppn/280499396
- Van der Kolk, B., (2009) "Specialized Treatment Approaches" *The Trauma Center at Justice Resource Institute* Website, retrieved 1/21/09 http://www.traumacenter.org/clients/spec_svcs_treatment.php
- Warren, R. (2006) Some excerpts from a Rick Warren article on forgiveness from the Spring 2006 issue of "The Worshipper" Magazine. Retrieved 6/05/09 http://exubfjc.wordpress.com/2006/12/18/rick-warren-on-forgiveness/
- Walker, M.(2010) 'Moral injury' as a wound of war -Conference To Examine Consequence Of Battlefield Transgressions, Exposure To Carnage www.nctimes.com/news /local/military/article_79c6d17-ebb5-5e26-9aa4-8dc4c8f721cd.html Retrieved 8/5/10
- Waltman, Martina A., et al. "The effects of a forgiveness intervention on patients with coronary artery disease." *Psychology and Health* 24.1 (2009): 11-27.
- Wikipedia- Amygdala (2006) The Amygdala, Retrieved 7/09/06 from
- http://en.wikipedia.org/wiki/Amygdala 7-9-06 Wikipedia-12Steps, (2006). *The Twelve Steps,* en.wikipedia.org/wiki/12step_program#The_Twelve_Steps
- Wikipedia – Complex PTSD (2018) retrieved 5/22/18, https://en.wikipedia.org/wiki/Complex_post-traumatic_stress_disorder

- Wikipedia –TRC (2006). *List of truth and reconciliation commissions*, from Wikipedia, http://en.wikipedia.org/wiki/List_of_truth_and_reconciliation_commissions
- Wikipedia-Triune brain, (2018). Retrieved 3/22/18: https://en.wikipedia.org/wiki/Triune_brain
- Wikipedia-Frontal Lobe, (2006). Retrieved 7/9/06: en.wikipedia.org/wiki/Frontal_lobe
- Wilson, A., (2014) "Loving-Kindness Meditation and Change," Huffington Post, retrieved 12/15/2017, https://www.huffingtonpost.com/kripalu/loving-kindness-meditation_b_3961300.html
- Willson, B., (1999) "Memorandum: Accelerated Mortality Rates of Vietnam Veterans," retrieved 3/8/09: www.brianwillson.com/awolvetmemo.html
- Witvliet, C.V.O., Phillipps, K.A., Feldman, M.E., & Beckham, J.C. (2004). Posttraumatic Mental and Physical Health Correlates of Forgiveness and Religious Coping in Military Veterans. *Journal of Traumatic Stress*, 17, 269-273.
- Witvliet, C.V.O, Ludwig T.E., and Vander Laan, K.L. "Granting forgiveness or harboring grudges: Implications for emotion, physiology, and health." *Psychological Science* 12.2 (2001): 117-123.
- Wohl, M. J A; DeShea, Wahkinney, (2008) "Looking Within: Measuring State Self-Forgiveness and Its Relationship to Psychological Well-Being." *Canadian Journal of Behavioural Science.* Canadian Psychological Association
- Worthington, E. (2001) *Five Steps to Forgiveness*, NY: Crown Publishers.
- Worthington, E. (2003). *Forgiving and Reconciling: Bridges to Wholeness and Hope,* Downers Grove, IL: InterVarsity Press; Revised Edition
- Young, M. A. (2004). *The Community Crisis Response Team Training Manual-2nd edition,* National Organization for Victim Assistance, U.S. Department of Justice, Wash., DC. Retrieved 3/5/03 from http://ojp.usdoj.gov/ovc/publications/infores/crt/
- Yu, Ting, Hui Ling Tsai, and Ming Liang Hwang. "Suppressing tumor progression of in vitro prostate cancer cells by emitted psychosomatic power through Zen meditation." *The American journal of Chinese medicine* 31.03 (2003): 499-507.

國家圖書館出版品預行編目資料

原諒的藝術：放下情緒、放過自己、改變關係、修復生命的最強大力量 /
吉米．丁克奇 Jim Dincalci 著 ; 謝佩妏 譯. --
初版. -- 臺北市 : 商周出版 : 家庭傳媒城邦分公司發行, 2023.02
面： 公分. --
譯自：How to Forgive When You Can't: The Breakthrough Guide to Free Your Heart and Mind
ISBN 978-626-318-563-0（平裝）
1. CST：寬恕　2.CST：自我實現
176.56　111022341

原諒的藝術

原著書名 / How to Forgive When You Can't: The Breakthrough Guide to Free Your Heart and Mind
作者 / 吉米．丁克奇 Jim Dincalci
譯者 / 謝佩妏
責任編輯 / 陳玳妮

版權 / 林易萱
行銷業務 / 周丹蘋、賴正祐
總編輯 / 楊如玉
總經理 / 彭之琬
事業群總經理 / 黃淑貞
發行人 / 何飛鵬
法律顧問 / 元禾法律事務所　王子文律師
出版 / 商周出版
城邦文化事業股份有限公司
臺北市中山區民生東路二段141號9樓
電話：(02) 2500-7008 傳眞：(02) 2500-7759
E-mail：bwp.service@cite.com.tw
Blog：http://bwp25007008.pixnet.net/blog
發行 / 英屬蓋曼群島商家庭傳媒股份有限公司城邦分公司
臺北市中山區民生東路二段141號B1
書虫客服服務專線：(02) 2500-7718．(02) 2500-7719
24小時傳眞服務：(02) 2500-1990．(02) 2500-1991
服務時間：週一至週五09:30-12:00．13:30-17:00
郵撥帳號：19863813　戶名：書虫股份有限公司
讀者服務信箱E-mail：service@readingclub.com.tw
歡迎光臨城邦讀書花園 網址：www.cite.com.tw
香港發行所 / 城邦（香港）出版集團有限公司
香港灣仔駱克道193號東超商業中心1樓
電話：(852) 2508-6231　傳眞：(852) 2578-9337
E-mail：hkcite@biznetvigator.com
馬新發行所 / 城邦(馬新)出版集團 Cité (M) Sdn. Bhd.
41, Jalan Radin Anum, Bandar Baru Sri Petaling,
57000 Kuala Lumpur, Malaysia
電話：(603) 9057-8822　傳眞：(603) 9057-6622
Email：cite@cite.com.my

封面設計 / 李東記
排版 / 新鑫電腦排版工作室
印刷 / 韋懋印刷有限公司
經銷商 / 聯合發行股份有限公司
電話：(02) 2917-8022　傳眞：(02) 2911-0053
地址：新北市231新店區寶橋路235巷6弄6號2樓

■2023年02月07日初版
定價 450 元

Printed in Taiwan
城邦讀書花園
www.cite.com.tw

Original Title: HOW TO FORGIVE WHEN YOU CAN'T: The Breakthrough Guide to Free Your Heart & Mind

Translation rights arranged through Deanna Leah, HBG Productions, Chico USA and Co-Agent The Artemis Agency

ISBN 978-626-318-563-0

商周出版

廣　告　回　函
北區郵政管理登記證
台北廣字第000791號
郵資已付，免貼郵票

104台北市民生東路二段141號B1

英屬蓋曼群島商家庭傳媒股份有限公司　城邦分公司

請沿虛線對摺，謝謝！

商周出版

書號：BX1085　**書名：**原諒的藝術　**編碼：**

請於此處用膠水黏貼

商周出版

讀者回函卡

線上版讀者回函卡

感謝您購買我們出版的書籍！請費心填寫此回函卡，我們將不定期寄上城邦集團最新的出版訊息。

姓名：______________________ 性別：☐男 ☐女

生日：西元__________年__________月__________日

地址：______________________________

聯絡電話：______________ 傳真：______________

E-mail ：

學歷：☐ 1. 小學 ☐ 2. 國中 ☐ 3. 高中 ☐ 4. 大學 ☐ 5. 研究所以上

職業：☐ 1. 學生 ☐ 2. 軍公教 ☐ 3. 服務 ☐ 4. 金融 ☐ 5. 製造 ☐ 6. 資訊

☐ 7. 傳播 ☐ 8. 自由業 ☐ 9. 農漁牧 ☐ 10. 家管 ☐ 11. 退休

☐ 12. 其他______________________

您從何種方式得知本書消息？

☐ 1. 書店 ☐ 2. 網路 ☐ 3. 報紙 ☐ 4. 雜誌 ☐ 5. 廣播 ☐ 6. 電視

☐ 7. 親友推薦 ☐ 8. 其他______________

您通常以何種方式購書？

☐ 1. 書店 ☐ 2. 網路 ☐ 3. 傳真訂購 ☐ 4. 郵局劃撥 ☐ 5. 其他______

您喜歡閱讀那些類別的書籍？

☐ 1. 財經商業 ☐ 2. 自然科學 ☐ 3. 歷史 ☐ 4. 法律 ☐ 5. 文學

☐ 6. 休閒旅遊 ☐ 7. 小說 ☐ 8. 人物傳記 ☐ 9. 生活、勵志 ☐ 10. 其他

對我們的建議：______________________________

____

____

請於此處用膠水黏貼